l'**ABC**daire

de

Proust

Thierry Laget

Flammarion

Plus qu'aucun autre des grands écrivains français, Proust a disparu sous son mythe. Qu'en est-il du mondain, du snob de salon, de l'asthmatique et du tendre fils ? Sa loyauté, sa générosité envers ses proches sont-elles aussi légendes ?

Proust, pour tout un chacun, est le fanatique de Vermeer et Chardin. Il n'aurait pas compris les artistes de son temps. Né avec l'impressionnisme et mort quand triomphe le jazz, est-il resté indifférent à toutes ces révolutions artistiques ?

À *la recherche du temps perdu* est réputé de lecture ardue, voire de propos futile. Rien n'est plus faux. En quoi ce roman reste-t-il actuel pour avoir fait du temps son personnage central ? Et des hommes une série de masques ?

COMMENT L'ABCdaire Y RÉPOND...

Le guide de l'abécédaire p. 6

Il explique comment comprendre Proust en regroupant les notices de l'abécédaire selon trois perspectives. Un code de couleurs indique le genre de chaque notice :

■ L'œuvre :
les romans,
leurs personnages,
les essais.

■ La biographie :
la famille,
les lieux,
les amis et relations.

■ Le contexte :
les arts,
la situation historique.

À partir de la lecture de ces notices, et grâce aux renvois signalés par les astérisques, le lecteur voyage comme il lui plaît dans l'abécédaire.

L'abécédaire p. 27

Par ordre alphabétique, on trouvera dans ces notices tout ce qu'il faut savoir pour entrer dans l'univers de Proust. L'information est complétée par les éclairages suivants :
- le commentaire détaillé des différentes parties d'*À la recherche du temps perdu* ;
- des encadrés qui expliquent les choix thématiques ou stylistiques du romancier.

Proust raconté p. 11

En tête de l'ouvrage, le récit de la vie et le sens de l'œuvre sont restitués dans leur développement historique. Cette synthèse reprend l'articulation du guide de l'abécédaire en développant chacun de ses thèmes.

un cher petit B...

on mal... a... ment

... ... ami. Marce...

1. POÈTE ET ROMANCIER (1871-1900)

A. La lecture

Dès sa plus jeune enfance, Proust est un lecteur fanatique : romans, récits historiques, poésie, sa curiosité est large. Pourtant, Proust possède peu de livres. À toutes les époques de sa vie, on le voit demander à ses amis les œuvres de Saint-Simon, de Baudelaire, de Sainte-Beuve dont il a besoin pour ses essais, ses traductions ou ses pastiches. Sa bibliothèque est dans sa pensée.

- ■ *Admirations, détestations*
- ▢ *Amis*
- ▢ *Armée*
- ■ *Baudelaire (Charles)*
- ▢ *Famille*
- ▢ *Illiers*
- ▢ *Maman*
- ▢ *Père*
- ■ *Revues littéraires*
- ■ *Saint-Simon*

B. Les Plaisirs et les Jours

Avec *Les Plaisirs et les Jours* en 1896, Proust devient écrivain à part entière, mais non romancier encore… Volume disparate où le poème côtoie le récit, la parodie le vrai pastiche. C'est le livre du collégien de Condorcet qui aime les revues littéraires et les émotions d'art, qui va chaque semaine admirer au Louvre Watteau et Chardin, du petit enfant asthmatique, trop attaché à sa mère et à sa souffrance.

- ▢ *Daudet*
- ■ *Flaubert (Gustave)*
- ■ *Goncourt*
- ■ *Pastiche*
- ■ *Plaisirs et les Jours (Les)*
- ■ *Symbolisme*

C. Jean Santeuil

En réaction au symbolisme, mais en accord avec ses amours d'enfance, Proust adopte la forme du roman et travaille à *Jean Santeuil* entre 1895 et 1902. Mais il sent que le personnage qu'il invente, qui lui ressemble tant, l'intéresse davantage que l'époque décrite : il n'a pas trente ans mais scrute déjà son passé avec l'acuité du vieillard qui y recherche le sens de sa vie. La *Recherche* n'est plus très loin.

- ■ *Amour*
- ■ *Dreyfus (Affaire)*
- ▢ *France (Anatole)*
- ▢ *Hahn (Reynaldo)*
- ▢ *Illiers*
- ■ *Juifs*
- ■ *Politique*
- ■ *Troisième République*

II. CRITIQUE ET TRADUCTEUR (1900-1908)

A. Ruskin

Il devient entre-temps l'un des meilleurs exégètes de John Ruskin. Dans les
deux traductions que Proust donne du critique d'art anglais, on entend pourtant mieux la voix de l'interprète que celle de l'auteur. Ce travail est aussi un
cadeau qu'il offre à ses parents, rassurés de voir qu'en dépit d'études avortées et
des carrières qu'il a rejetées il peut lui aussi accomplir une œuvre.

■ *Art*　　　　■ *Moyen Âge*　　　　■ *Traduction*
■ *Italie*　　　　■ *Ruskin (John)*

B. Salons et pastiches

Est-ce le temps de se dissiper ? On le dirait, si l'on ignorait que Proust est à la
veille de concevoir son chef-d'œuvre. Mais la morale de sa vie veut qu'au
moment où il s'occupe de l'essentiel, il s'inquiète aussi, et surtout, du superflu,
montrant par là que rien n'est indifférent au génie. Proust donne au *Figaro*
une série de « Salons parisiens » dont la *Recherche* fera bientôt son miel.

■ *Journaux*　　　　■ *Paris*　　　　■ *Salons*
■ *Montesquiou (Robert de)*　■ *Pastiche*　　■ *Snobisme*
■ *Musique*

C. Contre Sainte-Beuve

Mis en demeure, par lui-même, de renoncer à sa « paresse », Proust dresse une
liste de livres qu'il va publier. Il n'en écrira pas un seul, mais il entreprend
d'exposer sur Sainte-Beuve quelques idées qui lui tiennent à cœur. En se dressant face au grand critique romantique, en prenant la défense de Flaubert, de
Baudelaire, il plaide, déjà, pour le roman singulier qu'il a commencé d'écrire.

■ *Agostinelli (Alfred)*　■ *Contre Sainte-Beuve*　■ *Roman*
■ *Cabourg*　　　　■ *Pastiche*

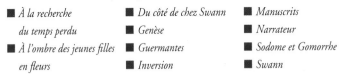

III. ÉCRIVAIN (1908-1922)

A. Rédaction

Quand Proust abandonne-t-il *Contre Sainte-Beuve*, quand se met-il au roman qu'il finira par appeler *À la recherche du temps perdu* ? À dire vrai les deux œuvres confluent. *Contre Sainte-Beuve* introduit dans le roman son impétuosité de torrent ; le roman (qui prend sa source dans *Jean Santeuil*) entraîne l'essai critique dans ses méandres lents. Mais, avant de se confondre, leurs eaux ont roulé ensemble, toujours plus étroitement enlacées.

- ■ *À la recherche du temps perdu*
- ■ *À l'ombre des jeunes filles en fleurs*
- ■ *Du côté de chez Swann*
- ■ *Genèse*
- ■ *Guermantes*
- ■ *Inversion*
- ■ *Manuscrits*
- ■ *Narrateur*
- ■ *Sodome et Gomorrhe*
- ■ *Swann*

B. Combats

Pendant des années, Proust ne vit que pour son œuvre ; et quand elle est finie, ou du moins suffisamment achevée pour qu'on puisse l'apprécier sans regrets, il meurt. Ses nuits de fièvres, ses narcoses, ses malaises, ses joies et ses deuils, ses jeûnes ou ses orgies, tout sert. Il doit combattre deux ennemis : le temps et la maladie.

- ■ *Argent*
- ■ *Asthme*
- ■ *Duels*
- ■ *Éditeurs*
- ■ *Musique*
- ■ *NRF*

C. La fin

Cependant, le voyage touche à sa fin. Proust a commencé sa carrière avec Nietzsche, Moreau, Wagner, Maeterlinck et les vases de Gallé. Il la termine avec Freud, Picasso, Stravinski et les Ballets russes. Ce n'est pas une révolution culturelle qui s'est accomplie entre temps, mais quatre ou cinq. Proust, à lui seul, a fomenté la sienne. Il a vécu assez longtemps pour entrevoir le début de sa gloire.

- ■ *Albertine disparue*
- ■ *Guerre de 1914-1918*
- ■ *Mort*
- ■ *Prisonnière (La)*
- ■ *Prix Goncourt*
- ■ *Réception*
- ■ *Temps retrouvé (Le)*
- ■ *Vermeer*

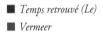

PROUST RACONTÉ

Prince des *Mille et Une Nuits*, enfant-page, jeune snob à la boutonnière fleurie, érudit désinvolte, écrivain crucifié sur son œuvre, géant monté sur des échasses au-dessus des années, gisant de marbre dans la chambre de liège : Marcel Proust, le premier, a montré que tout personnage – qu'il soit de roman ou de biographie – offre aux spectateurs plusieurs images successives, distinctes, contradictoires, qu'il faut superposer pour tenter d'approcher sa vérité. Il a traversé les époques, de la Commune à la guerre de 1914. Il est devenu, à l'instar de tous ceux de son temps – mais mieux qu'eux, plus intimement –, un passeur. Comme la barque du nocher, son œuvre accompagne un siècle au tombeau. Comme le navire d'Ulysse, elle revient des Enfers pour dire le désespoir de l'homme exilé, pour chanter la beauté de son abandon. Personne, avant lui, n'avait vu cela. Personne, après lui, ne pourra l'oublier.

Robert et Marcel (à droite) Proust, 1877.

I. Poète et romancier (1871-1900)
A. La lecture

Proust a parlé des lectures de l'enfance : « Il n'y a peut-être pas de jours de notre enfance que nous ayons si pleinement vécus que ceux que nous avons cru laisser sans les vivre, ceux que nous avons passés avec un livre préféré. » Parmi ses occupations favorites, le jeune Marcel place – on l'a deviné – « la lecture, la rêverie, les vers, l'histoire, le théâtre ». Que lit-il ? *Récits des temps mérovingiens*, *Histoire de la conquête de l'Angleterre par les Normands*, d'Augustin Thierry, *Le Capitaine Fracasse*, *François le Champi*, ou ce livre sur « la rivalité de François Ier et de Charles Quint », sur lequel s'endort le narrateur* au début de la *Recherche du temps perdu*, des ouvrages où la vie palpite plus que la pensée, mais qui l'engendrent mieux que les traités de philosophie : le roman, déjà, l'histoire des vies humaines, la narration. On

Étienne Moreau-Nélaton, *La Lecture* ou *L'Enfant au livre*, 1903. H/t 61 × 50. Paris, musée d'Orsay.

se forme ainsi, dans la fréquentation des formes du passé, dans le dialogue solitaire avec les anciens.

Pourtant, Proust qui, à vingt-quatre ans, entame une très brève carrière de bibliothécaire à la Mazarine, possède peu de livres. À toutes les époques de sa vie, on le voit demander à ses amis les œuvres de Saint*-Simon, de Baudelaire*, de Sainte-Beuve dont il a besoin pour ses essais, ses traductions* ou ses pastiches*. Il feuillette ces volumes

et les rend à leurs propriétaires. L'encre, le papier sont un fétichisme. Ce qu'il cherche, c'est à s'imprégner d'un texte, à le faire sien pour, un jour, le dépasser. Sa bibliothèque est dans sa pensée. C'est là qu'il retrouvera son enfance.

B. Les Plaisirs et les Jours

Pourquoi, donc, s'introduire dans le monde des lettres précédé d'un volume coquet, bourré de dessins et de partitions, de mots sonnants, de grand papier ? Lorsque paraissent *Les Plaisirs* et les Jours*, en 1896, c'est le roman qui est un luxe. Tout l'effort de Proust sera de

Jean Béraud,
*La Sortie du lycée
Condorcet.*
H/t 51 × 65.
Paris, musée
Carnavalet.

se le payer. Mais pour quelques années encore, le symbolisme*
triomphe. L'époque considère la poésie ou le théâtre* comme des
genres éminents, et, si le roman* s'est imposé au XIXᵉ siècle, il se
métamorphose, au milieu de mille crises, dont témoignent les hésita-
tions ou les anathèmes des écrivains de l'époque, de Gide (qui n'ose
imprimer le mot sur ses livres) à Valéry.

Proust n'a pas publié de recueil de poèmes, mais n'a cessé d'écrire
des vers. C'est un genre qu'il réserve à sa Correspondance*, et souvent ses poèmes sont des satires, des pastiches, des parodies, des cha-
pelets de mirliton. *Les Plaisirs et les Jours* s'attardent de ce côté-ci

de la littérature, mais se tournent déjà vers l'autre, celui du récit, avec des nouvelles qui, à la lumière de la *Recherche*, semblent aujourd'hui avoir été envoyées en éclaireur : « La Confession d'une jeune fille » ou « La Fin de la jalousie ».

C'est le livre du collégien de Condorcet qui aime les revues* littéraires et les émotions d'art, qui va chaque semaine admirer au Louvre Watteau et Chardin ; du petit enfant asthmatique*, trop attaché à sa mère et à sa souffrance ; du Parisien tressaillant à ses souvenirs de province, du provincial ébloui par les salons* parisiens ; de l'homme de lettres qui, déjà, fréquente Daudet*, Goncourt* ou Barrès ; du lecteur de Baudelaire, de Flaubert*, de Musset, de Tolstoï.

C. Jean Santeuil

Le symbolisme n'aimait pas les événements. Lorsque Proust rompt avec lui (mais ont-ils jamais été sincèrement fiancés ?), c'est pour renouer avec ses amours d'enfance : l'histoire, l'odyssée du monde. L'affaire Dreyfus*, qu'il suit avec passion, la figure d'un Jaurès lui paraissent la matière d'une nouvelle « Histoire contemporaine ». En regardant vers France* et vers Balzac*, il adopte la forme du roman et se met à *Jean* Santeuil, auquel il travaille avec plus ou moins de constance entre 1895 et 1900 (et encore un peu en 1902) : il y aura des scènes, des types, des psychologies, des descriptions de mécanismes politiques et sociaux. Il écrit déjà de façon décousue : rien ne s'enchaîne, les morceaux épars et juxtaposés semblent conçus, rédigés dans le désordre d'un esprit qui se réserve jusqu'au dernier instant la possibilité de modifier la direction qu'il adopte.

Proust hésite. Il sent que le personnage qu'il invente, qui lui ressemble tant quoiqu'il parle de lui à la troisième personne, l'intéresse davantage que son époque : il n'a pas trente ans mais scrute déjà son passé avec l'acuité du vieillard qui y recherche le sens de sa vie. Ses souvenirs les plus vifs – ceux qu'il déclinera dans ses articles, dans ses livres, comme une conjugaison intime, celle de son âme et de son style – deviennent ceux de Jean : le baiser du soir, les jeux aux

Jean Antoine Watteau, *Le Pèlerinage à l'isle de Cythère*, 171 H/t 129 × 194. Paris, musée du Louvre.

Paul César Helleu, *Devant les Watteau du Louvre*, v. 1895. Pointe sèche, 43 × 57. Paris, coll. part.

Champs-Élysées, Illiers*, les aubépines et les soirs d'automne, les lectures, les tempêtes de Bretagne, les pommiers au bord de la mer, cette enfance bourgeoise qui fut celle de Marcel, et plus tard l'amitié des aristocrates, le service militaire, les tourments de la jalousie (qu'il expérimente avec Reynaldo Hahn* et d'autres, en même temps qu'il l'écrit dans son livre, sans mettre la distance du temps entre l'événement et son commentaire). Il veut écrire un roman, mais travaille à des Mémoires, à ce livre « récolté » qu'il finit par abandonner. Comment partir à la recherche du temps avant qu'il n'ait été perdu ? Proust se consacre alors à des travaux qui semblent l'éloigner de lui-même, mais l'en rapprochent.

Marcel Proust et Jeanne Pouquet (debout sur une chaise) au tennis club Bineau, à Neuilly, 1892. Paris, Bibliothèque nationale de France.

II. Critique et traducteur (1900-1908)
A. Ruskin

Il devient l'un des meilleurs exégètes de John Ruskin*. Le critique d'art anglais (mort en 1900) se serait sans doute passé d'une affection si étouffante. Dans les deux traductions que Proust donne (*La Bible d'Amiens* en 1904, *Sésame et les Lys* en 1906), on entend mieux la voix de l'interprète que celle de l'auteur. On y découvre enfin Proust tel qu'en lui-même : ébloui, quand il décrit la cathédrale gothique ; éblouissant, quand il parle de l'art* ; mondain dans les notes qui éclaircissent autant le texte qu'elles l'obscurcissent, le plaçant derrière l'écran des goûts, des relations, des politesses de Marcel ; féroce, quand, dans le post-scriptum de sa préface de *La Bible d'Amiens*, il enterre Ruskin sous trois pelletées d'arguments secs ; inspiré, enfin, dans celle de *Sésame et les Lys*, lorsque, tournant le dos au modèle, il néglige de citer trop souvent son nom, combat ses conceptions, et évoque Illiers, les charmantes journées de lecture de l'enfance, plus vraies que tout ce qu'a pu écrire Ruskin… Jamais, peut-être, *traduttore* fut plus *traditore*. Proust ne fait pas une « translation » de Ruskin, il lui plante un poignard dans le dos.

Ce travail est aussi un cadeau qu'il offre à ses parents : ceux-ci sont rassurés de voir qu'en dépit d'études qui

n'ont mené à rien (philosophie, sciences politiques), en dépit des carrières qu'il a rejetées (conservateur de musée, diplomate, rédacteur au Sénat), il peut lui aussi accomplir une œuvre. Son père disparaît en 1903, sa mère en 1905. Dès lors, Marcel n'a plus rien à prouver à personne.

B. Salons et pastiches

Est-ce le temps de se dissiper ? On le dirait, si l'on ignorait que Proust est à la veille de concevoir son chef-d'œuvre. Mais la morale de sa vie veut qu'au moment où il s'occupe de l'essentiel, il

Jean Béraud,
*Le Salon
de la princesse
Potocka*, 1887.
H/t 66 × 86.
Paris, musée
Carnavalet.

s'inquiète aussi, et surtout, du superflu, montrant par là que rien
n'est indifférent au génie.

Proust donne au *Figaro* une série de « Salons parisiens ». Voici le
Proust snob qui énumère, comme dans une généalogie biblique, les
invités des réceptions du faubourg Saint-Germain. Mais c'est déjà la
poésie des noms*. Voici le Proust futile, qui s'attarde à un détail de
toilette, à une particularité physique. C'est le futur comique des ridicules du grand monde. Voici le Proust concierge, qui rapporte des
anecdotes, des mots. C'est le chroniqueur d'un petit siècle, l'auteur à
venir du *Côté* de Guermantes*. Mais ces divertissements lui seront

Jean Lorrain, Giovanni Boldini, Kate Moore, Madeleine Lemaire, Robert de Montesquiou et Gabriel de Yturri. Caricature de Sem extraite de *L'Album vert,* début du XXe siècle.

chèrement comptés. André Gide, se rappelant qu'il y avait eu un Proust « qui écrit dans le *Figaro* », un « mondain amateur », croira le retrouver dans la *Recherche* et refusera de publier *Du côté de chez Swann.* Proust donne au *Figaro* une série de pastiches. Virtuose de l'imitation, il contrefait la voix d'écrivains qu'il admire : manière de se débarrasser de leur influence (comme il s'est débarrassé de celle de Ruskin), manière de travailler et de personnaliser son style, en le frottant à celui des autres. Derrière ces masques, son visage se dessine de plus en plus net. En mars 1908, il renonce à poursuivre cet « exercice imbécile » : « C'était par paresse de faire de la critique littéraire, amusement de faire de la critique littéraire "en action". »

C. Contre Sainte-Beuve

Commence alors le long chemin qui va conduire à la *Recherche.* Mis en demeure, par lui-même, de renoncer à sa « paresse », Proust dresse une liste de livres qu'il va publier ou que, du moins, il a « en train » : « Une étude sur la noblesse / un roman parisien / un essai sur Sainte-Beuve et Flaubert / un essai sur les Femmes / un essai sur la Pédérastie (pas facile à publier) / une étude sur les vitraux / une étude sur les pierres tombales / une étude sur le roman. » Il n'en écrira pas un seul, mais il entreprend d'exposer sur Sainte-Beuve quelques idées qui lui tiennent à cœur.

Cependant, son hésitation initiale (où s'exprime toute l'ambivalence d'une existence jusque-là partagée entre création et commentaire,

action et contemplation) va permettre au projet critique de se trans-
former en roman – formidable métamorphose. Va-t-il écrire un
« article de forme classique, l'essai de Taine en moins bien », ou « le
récit d'une matinée », conversation entre l'auteur et sa mère à propos
de l'essai que le premier souhaite écrire ? Il fait les deux, et bien plus,
puisque des personnages nouveaux s'introduisent dans l'essai sur
Sainte-Beuve, l'un pour parler de Balzac,
que le critique n'a pas compris, l'autre
pour montrer, par sa personne, ce que
produisent les idées de Sainte-Beuve
quand on les met en pratique : c'est toujours de la « critique en action », mais
Proust écrit enfin sans masque.

Une fois encore, il a besoin de la polémique pour fixer sa pensée : comme à
l'époque de l'affaire Dreyfus, quand il
combattait les lois laïques ou lorsqu'il
attaquait Ruskin au sein même de ses
livres. En se dressant face au grand critique romantique, en prenant la défense
de Flaubert, de Baudelaire, en détachant
leurs livres de leur « moi », il plaide, déjà,
pour le roman singulier qu'il a commencé d'écrire.

III. Écrivain (1908-1922)
A. Rédaction

Quand Proust abandonne-t-il *Contre*
Sainte-Beuve, quand se met-il au roman
qu'il finira par appeler *À la recherche du*
temps perdu ? C'est une énigme de géo-
graphes. Les deux œuvres confluent.
Contre Sainte-Beuve introduit dans le
roman son impétuosité de torrent ; le
roman (qui prend sa source dans *Jean*
Santeuil) entraîne l'essai critique dans ses
méandres lents. Mais, avant de se confondre, leurs eaux ont roulé
ensemble, toujours plus étroitement enlacées.

Cependant, dès août 1909, Proust estime que l'ouvrage est assez
avancé pour songer à rechercher un éditeur : « Je termine un livre
qui malgré son titre provisoire : *Contre Sainte-Beuve, Souvenir d'une*

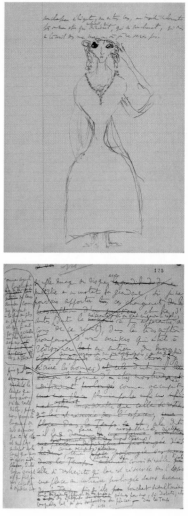

Dessin
de Proust extrait
du manuscrit
À l'ombre
des jeunes filles
en fleurs.
Paris, BnF.

Dernière page
du manuscrit,
Le Temps
retrouvé.
Paris, BnF.

Matinée est un véritable roman et un roman extrêmement impudique en certaines parties. […] Le nom de Sainte-Beuve ne vient pas par hasard. Le livre finit bien par une longue conversation sur Sainte-Beuve et sur l'esthétique (si vous voulez, comme *Sylvie* finit par une étude sur les Chansons populaires) et quand on aura fini le livre, on verra (je le voudrais) que tout le roman n'est que la mise en œuvre des principes d'art émis dans cette dernière partie, sorte de préface si vous voulez mise à la fin. […] C'est un livre d'événements, de reflets d'événements les uns sur les autres à des années d'intervalle […]. » Quelques mois encore, et le nom de Sainte-Beuve disparaît du projet ; le titre ne cessera de changer, mais ce sera toujours celui d'un roman : *Les Colombes poignardées, Les Reflets du passé, Les Intermittences du cœur…*

B. Combats

Pendant des années, Proust ne vit que pour son œuvre – et quand elle est finie – ou du moins suffisamment achevée pour qu'on puisse l'apprécier sans regrets, il meurt. Jusqu'au dernier moment, il assujettit son existence à la rédaction de son livre : ses nuits de fièvres, ses narcoses, ses malaises, ses joies et ses deuils, ses jeûnes ou ses orgies, tout sert. Les lectures d'enfance sont devenues écritures. Ses amours* sont précipitées dans le livre, encore chaudes, et la musique* qu'il écoute se joue dans les salons du *Temps perdu*, la peinture qu'il voit dans des galeries où il se rend en chancelant est accrochée aux cimaises de son roman. La guerre*, il l'introduit, grondante et festive, dans le Paris* de Charlus* et du narrateur. Et sa mort* même, s'il avait pu l'écrire, y figurerait – elle y figure, d'ailleurs, c'est celle de Bergotte*.

Il doit combattre deux ennemis : le temps et la maladie. Son principal souci est de mettre à l'abri sa pensée avant qu'elle ne s'éteigne, et son livre en sûreté chez un bon éditeur*. Il est prêt, s'il le faut, à payer. Mais les éditeurs ont du mal à comprendre : l'un d'eux s'exclame – cri douloureux, que pousseront à leur manière bien des critiques et bien des lecteurs – « Je suis peut-être bouché à l'émeri… » D'autres (à la *NRF**), qui étaient les mieux doués pour le porter en triomphe, laissent passer l'occasion d'affirmer leur lucidité. L'œuvre phénoménale qu'ils feuillettent, accablés, ne répond à aucun des critères qui sont alors leurs mots d'ordre. Où est la mesure ? Où la clarté ? Où la rigueur ? Pour écarter ce livre en conscience, on lui reproche telle faute de grammaire, son absence de construction, sa longueur, son immoralité.

C. La fin

Page précédente : Gustave Moreau, *Poète mort porté par un centaure*, v. 1890. Aquarelle et gouache, 33,5 × 24,5. Paris, musée Gustave Moreau.

Cependant, le voyage touche à sa fin. Proust a commencé sa carrière avec Nietzsche, Moreau, Wagner*, Maeterlinck et les vases de Gallé. Il la termine avec Freud, Picasso, Stravinski et les Ballets russes. Ce n'est pas une révolution culturelle qui s'est accomplie entre-temps, mais quatre ou cinq. Proust, à lui seul, a fomenté la sienne. Les vérités esthétiques et morales du *Temps* *retrouvé* s'imposeront sans que rien les ait laissé pressentir. Jacques Rivière dira ce qui, pour l'époque, a fait leur nouveauté : Proust renoue avec la tradition classique de l'étude du cœur humain, de ses passions, mais en prenant

en compte, pour la première fois, le facteur sexuel, et en introduisant « l'esprit positif dans la peinture des sentiments ». Mais, ajoute-t-il, prudent, « Proust est bien plus grand que tout ce qu'on peut dire de lui ». Proust, lui, se glorifie d'avoir inventé une « psychologie dans le temps ». L'avenir et la critique montreront qu'il a fait bien plus que cela.

Il a vécu assez longtemps pour entrevoir le début de sa gloire. Avec le prix* Goncourt en 1919, la Légion d'honneur, la reconnaissance de la *NRF*, on parle de l'accueillir à l'Acadé-

L'entrée de l'hôtel Ritz, place Vendôme, Paris.

mie française, de lui décerner le prix Nobel. On commence à le traduire dans les principales langues. Ses livres sont « sur toutes les tables en Chine et au Japon », dit-il. On republie ses pastiches et ses articles d'avant-guerre, on réédite *Les Plaisirs et les Jours*, on lui demande des préfaces, on l'interviewe, on prononce des conférences sur son œuvre. Mais il reste seul, visité de plus en plus souvent par une « étrangère » qui n'est pas belle (« J'avais toujours cru que la mort l'était »), il reste l'homme arrachant page à page ses livres au silence, gisant de marbre dans la chambre* de liège, géant monté sur des échasses au-dessus des années, écrivain crucifié sur son œuvre, érudit désinvolte, jeune snob à la boutonnière fleurie, enfant-page, prince des *Mille et Une Nuits*.

Paul Helleu dans son salon. Photographie de Dornac.

Marcel Proust par lui-même

Le principal trait de mon caractère. — *Le besoin d'être aimé et, pour préciser, le besoin d'être caressé et gâté bien plutôt que le besoin d'être admiré*

La qualité que je désire chez un homme. — *Des charmes féminins*

La qualité que je préfère chez une femme. — *Des vertus d'homme et la franchise dans la camaraderie*

Ce que j'apprécie le plus chez mes amis. — *D'être tendres pour ma personne si assez précieuse pour eux pour qu'ils...*

Mon principal défaut. — *Ne pas savoir, ne pas pouvoir "vouloir"*

Mon occupation préférée. — *Aimer*

Mon rêve de bonheur. — *J'ai peur qu'il ne soit pas assez élevé, je n'ose pas le dire, j'ai peur de le détruire en le disant*

Quel serait mon plus grand malheur. — *Ne pas avoir connu ma mère ni ma grand'mère*

Ce que je voudrais être. — *Moi, comme les gens que j'admire me voudraient*

Le pays où je désirerais vivre. — *Celui où certaines choses que je voudrais se réaliseraient comme par un enchantement — et où la tendresse serait toujours partagée*

La fleur que j'aime. — *La sienne — et après toutes*

L'oiseau que je préfère. — *L'hirondelle*

Mes auteurs favoris en prose. — *Aujourd'hui Anatole France et Pierre Loti*

Mes poètes préférés. — *Baudelaire et Alfred de Vigny*

Mes héros dans la fiction. — *Hamlet*

Mes héroïnes favorites dans la fiction. — *Phèdre Bérénice*

Mes compositeurs préférés. — *Beethoven, Wagner, Schumann*

Mes peintres favoris. — *Léonard de Vinci, Rembrandt*

Mes héros dans la vie réelle. — *M. Darlu, M. Boutroux*

Mes héroïnes dans l'histoire. — *Cléopâtre*

Mes noms favoris. — *Je n'en ai qu'un à la fois*

Ce que je déteste par-dessus tout. — *Ce qu'il y a de mal en moi*

Caractères historiques que je méprise le plus. — *Je ne suis pas assez instruit*

Le fait militaire que j'admire le plus. — *Mon volontariat !*

La réforme que j'estime le plus. —

Le don de la nature que je voudrais avoir. — *La volonté, et des séductions*

Comment j'aimerais mourir. — *Meilleur — et aimé*

État présent de mon esprit. — *L'ennui d'avoir pensé à moi pour répondre à toutes...*

Fautes qui m'inspirent le plus d'indulgence. — *Celles que je comprends*

Ma devise. — *J'aurais trop peur qu'elle ne me porte malheur*

■ ADMIRATIONS, DÉTESTATIONS
« La vraie vie [...], c'est la littérature » (Proust)

Grâce aux fameux questionnaires de Proust (auxquels il répond, mais dont il n'est pas l'auteur) et à sa correspondance*, on connaît les goûts littéraires de Proust adolescent et jeune homme, qui recoupent ceux du narrateur* de la *Recherche* * dans son enfance : ses auteurs préférés sont Augustin Thierry, George Sand, Musset, France*, Loti, Gautier, Baudelaire* et Vigny. Seuls les deux derniers poètes échapperont aux révisions de l'âge adulte. Les auteurs de son panthéon, ceux qu'il relit, pastiche*, défend dans *Contre* * *Sainte-Beuve*, sont désormais Baudelaire, Balzac*, Nerval, Flaubert*, Stendhal, Saint*-Simon, Chateaubriand ou Michelet. Il aime, plus que tout, le Grand Siècle, Mᵐᵉ de Sévigné, La Bruyère ou Racine*, et reste peu sensible à celui des Lumières.

Plus flagorneur que calomniateur (mais les flatteries démesurées dont il couvre Montesquiou* ou la comtesse de Noailles sont peut-être une subtile forme de calomnie), il aime (ou dit aimer) presque toute la littérature de son siècle : de Jammes à Gide, de Cocteau à Giraudoux, de Valéry à Claudel. Il a cependant ses têtes de Turcs, dont il condamne le manque d'originalité de la pensée et du style : Péguy (« un vieux bavard [...] réactionnaire ») ou Romain Rolland (il entasse « banalités sur banalités »). Il réserve cependant ses flèches les plus acérées pour Sainte-Beuve, contre qui il entreprend, en 1907, d'écrire une étude critique, dont naîtra la *Recherche*.

■ Agostinelli (Alfred)

Proust connaît l'« ingénieux » Alfred Agostinelli (1888-1914), chauffeur de taxi, à Cabourg*, en 1907. Il sillonne avec lui la Normandie, pour rendre visite à des amis*, visiter des églises, évoque ces promenades et ce compagnon dans un article du *Figaro*, « Impressions de route en automobile », mélange de fiction et d'autobiographie. Leur relation évolue en 1913, à Paris* : Agostinelli, mécanicien et secrétaire de Proust, vit sous son toit. Il éprouve pour son maître un sentiment où l'affection et l'intérêt sont difficiles à démêler : Proust ne parle-t-il pas de lui offrir un aéroplane ? Il dira aussi : « J'aimais vraiment Alfred. Ce n'est pas assez de dire que je l'aimais, je l'adorais. » Lorsque le jeune homme fuit Paris pour Antibes, où il prend des leçons de pilotage sous le nom de Marcel Swann, quand il disparaît en mer avec son appareil, Proust éprouve une douleur terrible : « J'ai su ce que c'était, chaque fois que je montais en taxi, d'espérer de tout mon cœur que l'autobus qui venait allait m'écraser. »

Ce drame lui inspire l'épisode d'Albertine*, les pages sur la mort de la jeune fille, les réflexions sur la jalousie, le chagrin, l'oubli*. Dans *Albertine* *disparue*, il cite une lettre qu'Agostinelli lui a écrite, et qu'il attribue à Albertine, et le narrateur* fait graver sur le yacht qu'il destinait à la jeune fille ce vers de Mallarmé que Proust voulait qu'on marque sur l'aéroplane d'Agostinelli : « Le vierge, le vivace et le bel aujourd'hui ».

Marcel Proust par lui-même. Questionnaire, v. 1890.
Paris, Bibliothèque nationale de France.

Marcel Proust et Alfred Agostinelli, v. 1907.

■ À LA RECHERCHE DU TEMPS PERDU

Publié de 1913 à 1927, *À la recherche du temps perdu* est le seul roman* que Proust ait livré à l'impression. Tous ses travaux précédents s'y retrouvent, amplifiés, des premiers essais poétiques des *Plaisirs* *et les Jours* au roman inachevé de *Jean* Santeuil*, des descriptions de salons* parisiens aux études sur Ruskin* ou Sainte-Beuve.

Sa genèse*, sa rédaction, qui s'étalent sur quinze ans (1908-1922), ont été tourmentées : Proust a laissé des milliers de pages de manuscrits*, d'esquisses, et les derniers volumes, inachevés, posent d'insolubles questions aux éditeurs* qui ont livré l'œuvre posthume au public. Roman de formation, roman d'aventures, poétique, comique, érotique, psychologique, livre-univers qui reconstitue un monde à travers le regard d'un individu, la *Recherche* clôture le XIXe siècle en contenant tous les éléments d'une modernité que le XXe siècle n'a pas épuisée. Elle définit, d'emblée, ce que sera la quête de l'homme moderne : le moi, l'art*, l'amour*, leurs vérités. Proust a érigé cette « recherche », dans son livre, en impératif moral. Le but de toute existence doit être de reconquérir cette réalité perdue, en dépit de tout ce qui peut l'en détourner.

La *Recherche* se présente comme l'histoire d'une vocation (celle du narrateur* devenant écrivain), à travers les époques (de 1878 à l'après-guerre* de 1914-1918), les âges, les milieux (bourgeoisie, aristocratie, domesticité*, armée*, etc.), les lieux (Combray*, Paris*, Balbec*, Doncières, Venise*), les amours (hétérosexuelles et homosexuelles*), les œuvres d'art (musique*, peinture*, théâtre*, littérature). Pour reconquérir son passé, le narrateur ne se fie pas à sa mémoire*, mais aux associations d'images et de sentiments évoqués par certains souvenirs involontaires. Tout son roman, dit-il, sort d'une tasse de thé où il trempe une madeleine, dont le goût lui rappelle les gâteaux de son enfance. Les coups de théâtre, les brusques changements d'orientation du récit, l'évolution des personnages, les longues digressions y sont dictés par une analyse qui ne se veut ni impressionniste* ni vagabonde, mais proche du mouvement continuel de la vie observé dans la durée. Devant l'incessant retour du passé dans le présent, tout récit linéaire est devenu impossible.

Ce livre unique, que Proust aurait aimé pouvoir publier en un seul volume, est subdivisé en plusieurs parties, qui communiquent par maints échos : *Du* côté de chez Swann* (1913), *À* l'ombre des jeunes filles en fleurs* (1919), *Le Côté* de Guermantes* (1920-1921), *Sodome* et Gomorrhe* (1921-1922), *La Prisonnière** (1923), *Albertine* disparue* (1925), *Le Temps* retrouvé* (1927).

Marcel Proust par Jacques-Émile Blanche, 1892.
H/t 73,5 × 60,5. Paris, musée d'Orsay.

Céleste Albaret.

Albaret (Céleste)

Céleste Albaret (1891-1984) entre au service de Proust en 1913. Son mari, Odilon, est à Paris* le chauffeur de taxi attitré de Proust, qui l'envoie chercher les amis qu'il a envie de voir. Femme de chambre, cuisinière, gouvernante, « courière » et secrétaire, elle ne le quitte plus, jusqu'à sa mort.
Elle l'aide même à mettre son manuscrit* en ordre, inventant le système (et le mot) des « paperoles ». Elle mérite ainsi, par son dévouement, par son esprit qui enchante son maître, de figurer, insigne honneur, sous son vrai nom, dans *Sodo-*

me et Gomorrhe*. Aussi est-elle la seule clef* de l'œuvre qu'on puisse identifier avec certitude. Elle a donné sur Proust des Mémoires naïfs (*Monsieur Proust*) qui, en dépit de leur affectueux aveuglement, sont l'un des meilleurs témoignages sur lui.

Albertine

Albertine est, après le narrateur*, le personnage le plus important d'*À la recherche du temps perdu*. Pourtant, dans les premières esquisses du roman, où elle s'appelle Maria, elle n'a pas, d'emblée, le rôle prééminent qu'elle joue dans le texte définitif. Jeune fille parmi d'autres, indistincte au sein de la petite bande que le héros rencontre à Balbec*, elle ne connaît son développement qu'après la mort d'Agostinelli*, lorsque Proust conçoit l'épisode débutant dans *À* l'ombre des jeunes filles en fleurs*, se poursuivant dans *Sodome* et Gomorrhe*, et trouvant sa conclusion dramatique dans *La Prisonnière** et *Albertine* disparue*. Des premières rencontres ensoleillées, sur la plage ou dans l'atelier d'Elstir*, aux sombres journées parisiennes qui voient Albertine

ALBERTINE DISPARUE
De la jalousie à l'oubli : un traité de l'amour moderne

Avant-dernier tome d'*À la recherche du temps perdu*, *Albertine disparue*, publié en 1925, est la suite et la fin de l'épisode d'Albertine*, contant le désespoir du héros quand il apprend que la jeune fille l'a quitté et qu'elle est morte. Son amour s'étiole, connaît des accès de souffrance infinie et des moments d'indifférence qui, après le séjour du héros à Venise*, se résorbent dans l'oubli*. La quête devient enquête, pour répondre à cette question : qui était vraiment Albertine ? qui sont les êtres que nous croisons ? Parcourant à son tour les étapes du calvaire qu'a vécu Swann* avec Odette*, le narrateur*, après les foules mondaines de Guermantes* et de Sodome, découvre la solitude : aucun des témoins de la vie d'Albertine qu'il interroge ne peut lui apporter l'apaisement qu'il réclame, car, devant la mort*, la vérité s'efface. C'est, si l'on veut, l'aboutissement de l'aventure du héros : quand il a cessé de pleurer Albertine, il n'a plus qu'à tirer les leçons de son existence et à vivre *Le Temps** retrouvé.

ALBERTINE

Le Sommeil
d'Albertine.
Aquarelle de Kees
Van Dongen
pour la *Recherche*,
Gallimard, 1947.
Paris,
Bibliothèque
nationale
de France.

installée chez le narrateur, et à la mort* accidentelle de la jeune fille, Proust étudie la naissance d'une passion, son apogée, sa crise, sa guérison, et l'oubli* progressif qui s'ensuit. Albertine est l'être fuyant, toujours changeant, insaisissable : ses relations avec d'autres jeunes gens, le saphisme (voir Inversion) dont on la soupçonne, déchaînent une jalousie aussi

« *Albertine n'avait été pour moi qu'un faisceau de pensées, elle avait survécu à sa mort matérielle tant que ces pensées vivaient en moi.* »

Marcel Proust, *Albertine disparue*.

folle que ces tortures morales fomentées par une intelligence qui ne s'applique plus qu'à sa propre ruine.

Dans l'esprit de son auteur, le volume forme un diptyque (*Sodome* et *Gomorrhe III*) avec *La Prisonnière**, ouvrage auquel, dans un premier temps, son titre faisait écho : ce devait être *La Fugitive* ; mais, un livre de Tagore ainsi intitulé étant paru, Proust y avait renoncé. En 1954, la première édition de la *Recherche* dans la Pléiade considère que, faute d'un document prouvant que Proust tenait au titre *Albertine disparue*, il convient de suivre sa première intention et de restituer *La Prisonnière*. En 1987, les héritiers de Proust retrouvent et publient une dactylographie du roman, corrigée par Proust, sur laquelle figure le titre *Albertine disparue* et dont il a biffé des dizaines de pages (dont le séjour à Venise). Dès lors, une polémique s'engage entre les tenants de la version courte et ceux de la version intégrale. Pourquoi Proust a-t-il renoncé à des pages d'une telle importance ? Voulait-il les déplacer dans son œuvre ? Souhaitait-il préparer des bonnes pages destinées à une revue* ? Avait-il le projet d'un remaniement plus vaste ? En l'absence de réponse irréfutable, la prudence s'impose.

■ À L'OMBRE
DES JEUNES FILLES
EN FLEURS

L e deuxième volume d'*À la recherche du temps perdu* paraît en 1919, aux éditions de la NRF*. La guerre* a permis à Proust de quitter Grasset (éditeur de *Du* côté de chez Swann*), mais aussi d'augmenter son œuvre. Le premier chapitre (« Autour de Mme Swann ») est d'ailleurs la vraie fin de *Swann*, que Proust n'a pu, faute de place, insérer dans le volume de 1913. Quant au second chapitre, qui se déroule à Balbec* et fournit son titre au roman, ce n'était à l'origine qu'un épisode

René François Xavier Prinet,
La Plage de Cabourg, 1896.
H/t 27 × 40,5. Paris, musée d'Orsay.

secondaire. Or, c'est lui qui assurera le succès de l'œuvre.

Couronnées par le prix* Goncourt, les *Jeunes Filles* ont séduit par leur fraîcheur, leur côté « vert paradis des amours enfantines », leurs promenades, leurs jeux aux Champs-Élysées, leurs yachts et leurs ombrelles. On s'est cru chez Boudin, Monet, Whistler (voir Impressionnisme). Mais ces « filles-fleurs » étaient wagnériennes*. En vérité, c'est déjà un livre cruel, où l'amoureux ne connaît du désir que la frustration et où l'objet de son désir se dérobe sans cesse : le narrateur* ne parvient à aimer ni Gilberte ni Albertine*. C'est aussi le roman du mystère de l'art* ; le narrateur y découvre le théâtre* avec la Berma, la littérature avec Bergotte*, la peinture* avec Elstir*, mais, encore incapable de créer, il se contente de jouir sans comprendre ce qui fait l'essence de son bonheur.

Marcel Proust, Robert de Flers (à gauche)
et Lucien Daudet (à droite).
Paris, Bibliothèque nationale de France.

Amis

Quoiqu'il ait souvent condamné l'amitié (elle est « une abdication de soi »), Proust est le meilleur des amis. Malgré quelques brouilles douloureuses, il reste fidèle aux amitiés qu'il noue dans différents cercles : au lycée (Robert Dreyfus, Daniel Halévy, Robert de Flers, Fernand Gregh), dans la bourgeoisie artistique (Geneviève Straus*, les Daudet*, Reynaldo Hahn*), dans l'aristocratie (Antoine Bibesco, Bertrand de Fénelon, Robert de Montesquiou*, la comtesse de Noailles), dans le monde du renouveau littéraire (Paul Morand, Jean Cocteau, Gaston Gallimard, Jacques Rivière…). Mais ses amis préférés ne sont pas toujours les plus presti-

Daniel Halévy (1872-1962). Photographie d'Edgar Degas. Épreuve au gélatino-bromure d'argent. Paris, musée d'Orsay.

gieux : des secrétaires, des domestiques*, des chauffeurs de taxi lui plaisent autant, ou davantage (Nahmias, Rochat, Agostinelli*, Forssgren…). Ces amitiés ancillaires se confondent parfois avec ses amours réelles ou supposées, et lui-même s'inquiète des confusions possibles : « Évitez de parler de mon secrétaire (ex-mécanicien), recommande-t-il à un ami. Les gens sont si stupides qu'ils pourraient voir là (comme ils ont vu dans notre amitié) quelque chose de pédérastique. Cela me serait bien égal pour moi mais je serais navré de faire du tort à ce garçon. » Dans la *Recherche*, Saint-Loup est la figure idéale de l'ami, noble, raffiné, attentionné, mais prêt, aussi, aux trahisons.

AMOUR
« On n'aime plus personne dès qu'on aime » (Proust)

Comme *De l'amour* de Stendhal, *À* la recherche du temps perdu est un traité des passions amoureuses dont on peut tirer une foule de maximes, de paradoxes et de préceptes moraux ou (immoraux). Pourtant, Proust ne dresse pas une carte du Tendre, mais la géographie des aberrations du cœur. « Ceux qui aiment et ceux qui ont du plaisir ne sont pas les mêmes. »

Les amours proustiennes, hétérosexuelles ou homosexuelles*, dans *Jean* Santeuil déjà et dans la *Recherche*, connaissent la même courbe : Odette*, Gilberte*, Rachel, Albertine*, Morel sont l'Autre, l'Étranger, celui qui fait souffrir, celui qu'on ne peut posséder entièrement, mais celui, aussi, dont le temps finit par détruire l'effigie. L'amour est lié au moi (voir Je), au temps et à l'espace, et ne se comprend que par leurs interactions : il est indépendant de la personne aimée, qui n'est qu'un réceptacle du sentiment qu'on lui voue, et ne le crée en rien. Aussi peut-on être follement épris d'êtres qu'on méprise. L'amour, le désir, ne naissent pas du bonheur, de la beauté, de la grâce, mais de l'insatisfaction : l'attente (d'un rendez-vous, d'un baiser, etc.), divers obstacles, les imperfections de l'autre, ses mensonges, sont les aliments ordinaires de la cristallisation amoureuse. Les « êtres de fuite », comme Albertine, ceux qui se dérobent sans cesse et dont on ne peut percer le mystère, ceux qui restent imperméables à notre moi, sont les êtres aimés par excellence. Si, en ce domaine, la philosophie proustienne est très pessimiste, ne connaissant que tromperie, cruauté, jalousie, culpabilité, perversion, elle n'est guère plus optimiste en ce qui concerne l'amour filial qui, chez le narrateur* (avec sa grand-mère) comme chez Saint-Loup ou chez la fille de Vinteuil*, est souvent synonyme de profanation. Pour Proust, seul l'amour maternel est pur, désintéressé, inaltérable (voir Maman).

Edgar Degas,
À la Bourse,
1878-1879.
H/t 100 × 82.
Paris,
musée d'Orsay.

Argent

Bien qu'il se soit, à plusieurs reprises, déclaré ruiné, Proust n'a jamais eu besoin de travailler pour vivre. La fortune dont il hérite à la mort de ses parents lui offre des revenus annuels de 50 000 francs (près d'un million de francs actuels). Ses relations avec l'argent sont insouciantes. Tous les témoins parlent des pourboires princiers qu'il distribue. À Agostinelli*, il veut offrir un aéroplane d'une valeur de 27 000 francs (quand le prix* Goncourt, en 1918, lui en rapporte 5 000).

Pendant la guerre*, il fait venir chez lui des musiciens fameux qui jouent des quatuors dans son salon, pour lui seul. Ses spéculations hasardeuses sont bien connues, grâce aux lettres qu'il adresse à son agent de change, Lionel Hauser ; elles se soldent par un désastre : Proust « jette l'argent à mains pleines », ses dépenses excèdent ses revenus. Cependant, ses livres, les morceaux choisis qu'il vend à divers éditeurs*, les traductions qu'on

en donne à l'étranger, lui rapportent chaque année des sommes confortables : 30 000 francs en 1921 ; l'année suivante, Gallimard lui verse chaque mois 3 000 francs à valoir sur ses droits d'auteur.

Armée

On n'imagine guère Proust en soldat : la période de son service militaire, accompli à Orléans en 1889-1890 sous le régime du volontariat (qui permet de faire une année au lieu de trois), est pourtant la plus heureuse de sa vie. « Mon temps fini, dit-il, on m'aimait tant et je sentais que je pouvais être si utile que je ne voulais pas partir. » Dans un milieu exclusivement masculin, plus populaire, plus spontané que celui qu'il fréquente à Paris*, loin du regard de ses parents, il découvre la poésie de l'état militaire, son désœuvrement, sa discipline. Il l'évoquera dans *Les Plaisirs* et les *Jours*.

Marcel Proust
en 1890,
à l'époque
de son volontariat.

Dans la *Recherche*, Proust passe sous silence le service militaire du narrateur*. Mais ses souvenirs de régiment lui inspirent, dans *Le Côté* de Guermantes, l'épisode où le héros rend visite à Saint-Loup, à Doncières (ville de garnison imaginaire) : il en fait un tableau de genre. Dans une atmosphère hollandaise, voilée de brouillard, de camaraderie, d'affection, il vit là le seul moment apaisé de sa recherche.

■ ART
Une religion sans dieu

Proust, qui ne croyait pas en Dieu et ne lui a réservé aucune place dans sa *Recherche*, remplace la religion par l'art, anticipant un mouvement de fond de la société contemporaine, déjà engagé par Ruskin* ou le symbolisme*. L'art (qui englobe la littérature) a été sa passion première. Il doit s'accomplir dans la solitude et le silence, dans le sacrifice des faux plaisirs, dans la douleur ; c'est le critère de son authenticité. Les principaux modèles du narrateur sont des artistes ou des amateurs d'art : Vinteuil*, Elstir*, Bergotte*, et Swann*, auteur de travaux sur Vermeer* ; et l'art est la seule morale d'un livre qui ne situe son exigence que dans la profondeur de l'inspiration. Le narrateur* de la *Recherche* note ainsi que s'« il n'y a aucune raison […] pour l'artiste athée à ce qu'il se croie obligé de recommencer vingt fois un morceau dont l'admiration qu'il excitera importera peu à son

Théophile Gautier à la calotte damassée, v. 1856. Photographie de Nadar. Épreuve sur papier salé, 25,6 × 19,6. Malibu, J. Paul Getty Museum.

corps mangé par les vers », cette obligation appartient à un « monde entièrement différent de celui-ci ». Or, seul l'artiste nous permet d'entrer en contact avec cette part inconnaissable de nous-mêmes.

Aussi l'art devient-il le véritable acteur de notre salut : n'a vécu, ne survivra que l'homme qui a créé, tant que durera sa création, tant qu'elle sera comprise. Cette soif d'absolu, ce goût de la forme – qui remontent à Gautier, Baudelaire* et Flaubert* – ne débouchent cependant pas sur une conception restrictive de l'art pour l'art, qui est avant tout au service de la vérité.

« La loi cruelle de l'art
est qu'il faut que des êtres meurent et que nous-mêmes
mourions en épuisant toutes les souffrances
pour que pousse l'herbe non de l'oubli mais de la vie éternelle,
l'herbe drue des œuvres fécondes. »

Marcel Proust, *Le Temps retrouvé*.

Asthme

De la première crise d'asthme, au bois de Boulogne en 1881 (il va sur ses dix ans), à son agonie (des suites d'une pneumonie), Proust n'a jamais pu respirer normalement.

Il vit cloîtré dans une chambre* tapissée de liège, noyée dans des nuages de fumigation et qui, en hiver, n'est pas chauffée (car il craint les odeurs). Son « hygiène » de vie – notion capitale pour le fils du Dr Proust, grand hygiéniste (voir Père) – est la plus déréglée qui soit : il dort le jour, travaille la nuit, se nourrit à peine et ne sort qu'au prix d'efforts inhumains, qui déclenchent de nouvelles crises.

On glosera à loisir sur ce que l'œuvre de Proust doit à la maladie : on s'est même demandé si son style était celui d'un asthmatique – et que serait le style d'un cancéreux ou d'un parkinsonien ? Il reste que, en le forçant à fréquenter le monde moins qu'il ne l'aurait aimé, la maladie lui a donné le temps d'écrire. Sans doute s'en est-il inspiré, cependant, pour les magnifiques pages sur l'agonie de la grand-mère dans Le Côté* de Guermantes, où Proust décrit le souffle de la mourante qui s'élance avant de s'éteindre. Une expérience aussi tragique ne pouvait qu'avoir été vécue. Sans doute la mort* serait-elle moins présente en tant que personnage dans la Recherche si Proust ne l'avait si intimement côtoyée.

Balbec. Voir Cabourg

Honoré de Balzac par Louis Boulanger. H/t 61 × 50,5. Tours, musée des Beaux-Arts.

Balzac (Honoré de)

Balzac voulait égaler Dante ; Proust veut surpasser Balzac. À une époque où l'auteur de La Comédie humaine n'est encore guère apprécié des lettrés, qui le trouvent vulgaire, Proust comprend l'importance d'une œuvre dont la sienne reprend bien des traits, sans adopter son esthétique. S'il ne le place pas parmi ses écrivains de prédilection, il le lit, le commente, le pastiche*.

Balzac (1798-1850) est avant tout le génie de la narration, des passions, de l'architecture romanesque. Si Proust blâme son style, il vante la force de ses peintures, l'homogénéité de son imagination, la variété et la vérité du langage de ses personnages. Il l'admire d'avoir su, comme Wagner*, créer une œuvre cyclique et, surtout, d'avoir étudié les effets du temps sur ses personnages : « Cette admirable invention […] d'avoir gardé les mêmes personnages dans tous ses romans ». Il se souviendra de cette leçon dans Le Temps* retrouvé.

Dans la Recherche, les allusions à Balzac sont nombreuses : auteur favori du duc de Guermantes*, il est lu par Charlus*, qui, comme Oscar Wilde, pleure à la mort de Lucien de Rubempré ; par Swann*, qui aime Illusions perdues, « Tristesse d'Olympio de la pédérastie » ; ou par Gilberte*, plongée dans La Fille aux yeux d'or, roman de l'ambiguïté sexuelle et du saphisme. Ainsi, chez Proust, l'œuvre de Balzac devient symbole d'encanaillement et de vice.

Baudelaire (Charles)

Proust sait par cœur *Les Fleurs du mal* et les cite volontiers, de mémoire. Il égale cette œuvre à celle de Racine*, il en apprécie l'invention, « la force extraordinaire, inouïe du verbe », la cruauté, la connaissance abyssale des souffrances et du cœur de l'homme, « cette subordination de la sensibilité à la vérité, à l'expression ». Baudelaire, dit-il encore, est celui qui a « momentanément détenu le verbe le plus puissant qui ait éclaté sur des lèvres humaines ». Il imite les *Petits Poëmes en prose* et les « Phares » dans certaines pièces des *Plaisirs* et les Jours*, et consacre au poète un des plus beaux chapitres de *Contre* Sainte-Beuve*. En juin 1921, il publie dans la *NRF** une lettre à Jacques Rivière, « À propos de Baudelaire », l'un de ses meilleurs articles, où, conformément à sa sinueuse méthode critique d'après-guerre, il parle autant des *Fleurs du mal* que de Paul Valéry, de Sully Prudhomme, de Victor Hugo, de Vigny et… de la mort*, de la musique*, de l'inversion*, de *Sodome* et Gomorrhe*. À la fin de sa vie, Proust s'identifie au poète menacé d'aphasie, lucide dans la souffrance, aimant Wagner*, et dont il croit les « perversions » proches des siennes (il assure à Gide que Baudelaire était « uraniste »). Mais c'est dans son roman que sont repris les principaux thèmes baudelairiens : la recherche d'un paradis perdu, le goût de la profanation, le voyeurisme, les amours homosexuelles, la religion de l'art*, l'attention portée aux humbles, l'importance de la vie intérieure, et jusqu'à cette beauté du mal qui s'incarne, avec des séductions si douloureuses, en Charlus* ou en Albertine*. Toutefois, Proust ne suit pas Baudelaire sur les voies de la tentation spiritualiste.

De la leçon esthétique du poète, il retient cette technique des « correspondances » sur laquelle il assied, dans une certaine mesure, sa théorie de la métaphore, ainsi que cette synthèse du bizarre et du classique, de la

Charles Baudelaire, *Autoportrait*. Plume, encre brune et crayon rouge. Paris, musée du Louvre.

rigueur de la forme et de la licence du contenu, que l'auteur des *Fleurs du mal* a le premier réalisée et dont Proust a fait l'élément le plus surprenant de son roman. Il est significatif, enfin, que Baudelaire et Proust occupent dans la « République des lettres » une position équivalente : ils n'appartenaient pas à une école, n'ont pas eu de disciples, mais, dans leur solitude, ont su profondément influencer toute la littérature qui a suivi.

« *À côté d'un livre comme* Les Fleurs du mal, *comme l'œuvre immense d'Hugo paraît molle, vague, sans accent !* »

Marcel Proust, 1921.

◼ Bergotte

Figure de l'écrivain dans la *Recherche*, Bergotte affirme certaines des conceptions esthétiques de Proust. Ami des Swann*, il visite les cathédrales gothiques avec Gilberte*, écrit un livre sur Racine* : il permet ainsi d'accéder au savoir que le narrateur*, jeune, tente en vain d'acquérir – la compréhension de la beauté. Vieil homme mourant devant la *Vue de Delft* de Vermeer*, il revit l'expérience réelle vécue par Proust à l'exposition hollandaise du Jeu de paume en mai 1921, et livre son testament stylistique : « Mes derniers livres sont trop secs, il aurait fallu passer plusieurs couches de couleur, rendre ma phrase en elle-même plus précieuse. » Cependant, le narrateur s'est éloigné de lui, attiré par d'autres littératures (celle d'un auteur derrière lequel on reconnaît Giraudoux) : sa « limpidité » lui paraît de l'« insuffisance » (mais il faut distinguer, là, l'ironie de Proust envers le narrateur* et la jeune école).

Derrière Bergotte, on a également vu Anatole France* et d'autres écrivains, de Bourget à Bergson* (pour le nom), de Daudet* à Barrès. Il a cette rare particularité d'être immortel sans être académicien, puisqu'il reparaît dans la *Recherche* après y avoir été enterré : l'ayant fait mourir dans *La Prisonnière**, Proust n'a pas eu le temps de corriger les passages déjà rédigés où il figurait encore.

◼ Bergson (Henri)

La critique a longtemps cru que Proust vulgarisait Bergson (1859-1941), que la *Recherche* était l'illustration de *Matière et mémoire*. Proust, dit C. Vettard en 1923, « a été très préoccupé de réaliser un art tel que celui

gences. En 1913, il note : « Mon œuvre est dominée par la distinction entre la mémoire involontaire et la mémoire volontaire, distinction qui non seulement ne figure pas dans la philosophie de M. Bergson, mais est même contredite par elle. » Et dans *Sodome* et Gomorrhe* (dont il dédicacera un exemplaire à son cousin, « premier grand métaphysicien depuis Leibniz », pour prévenir, peut-être, son irritation), il réfute encore sa conception de la mémoire* et de l'oubli : « Personnellement mon expérience m'a donné des résultats opposés. »

Henri Bergson.

ue souhaitait M. Bergson, un rt qui "en dilatant notre perception non plus seulement en urface mais en profondeur et n n'isolant jamais le présent du assé qu'il traîne avec lui, donerait aux choses comme une *uatrième dimension*" ». On a écelé de nombreux points ommuns entre les deux œures : critique de l'intelligence, rimat de l'intuition, étude de a relativité du temps, etc. Mais i les rapports entre les hommes t les livres sont avérés, ils sont uperficiels. Depuis 1892, roust et Bergson sont cousins ar alliance, mais ne se fréquent guère : ils n'ont échangé ue quelques lettres, courtoises ais indifférentes. Proust insisera souvent sur leurs diver-

Marcel Proust sortant de l'exposition de tableaux hollandais au Jeu de Paume, Paris, 1921.

▐ Cabourg

Cette petite station balnéaire du Calvados, fameuse pour sa plage de sable fin, ne prend son essor qu'à partir de 1907, lorsque le luxueux Grand Hôtel que l'on vient de bâtir sur la promenade permet d'accueillir la clientèle élégante qui, seule, peut lui permettre de rivaliser avec ses voisines. Proust, qui, dès son enfance, a séjourné en Normandie, à Dieppe, au Tréport, à Cabourg, y revient en 1907 et y retourne chaque

Cabourg, la plage et le Grand Hôtel.

Cabourg. — La Plage & le Grand Hôtel   ND Phot

année jusqu'à la guerre*. On continue de mener à Cabourg la vie mondaine qu'on vient de quitter à Paris*, on y retrouve les mêmes amis, entre les cabines de la plage et le casino. Proust peut en outre étudier à loisir la société des bains de mer, les us et coutumes de la bourgeoisie en villégiature, fréquenter des jeunes gens nouveaux (Marcel Plantevignes, qui laissera d'abondants souvenirs sur ces vacances), sportifs, yachtmen, qui deviendront des filles dans le Balbec de la *Recherche* (dont le modèle principal est Cabourg). Il peut en outre observer le spectacle changeant de la mer, sur laquelle il écrira quelques-unes des plus belles pages d'*À l'ombre des jeunes filles en fleurs*, découvrir en automobile, avec Agostinelli*, les églises gothiques de la région.

Chambre

Ayant passé le plus clair de sa vie dans une chambre, où il ne se contentait pas de dormir, mais lisait, écrivait, dînait, recevait ses amis*, Proust se devait de confier à cette pièce un rôle de premier plan dans son œuvre. Et, en effet, la chambre n'y est pas seulement le lieu de l'intimité, du sommeil* ou de l'amour* (chambres d'Odette* ou d'Albertine*), mais est un des principaux éléments structurels du récit. C'est, avec le salon, l'un des deux principaux lieux où se déroule l'histoire.

Du* côté de chez Swann, par exemple, débute par l'évocation de diverses chambres qui sont autant de métonymies des aventures à venir : chambres de Combray*, de Balbec*, de Doncières, de Venise*, de Tansonville, chambres d'hiver, chambres d'été. Leur évocation aide le récit à se mettre en branle

Reconstitution de la chambre de Marcel Proust à Illiers, dans la maison de sa tante.

et vient régulièrement le relancer : avant et après « Un amour de Swann ». De même, *La Prisonnière** est rythmée par une série de cinq journées ou groupes de journées, liées à autant de réveils dans la chambre du héros à Paris*. Ainsi, le récit retourne chaque fois à sa source, dans cette chambre où l'imagination, libre et immense, flotte entre la veille et le sommeil, perméable à toutes les suggestions. Enfin, la chambre est l'un des baromètres

de l'angoisse et du bonheur : chambres où l'on meurt (celles de tante Léonie à Combray ou de la grand*-mère à Paris), chambres inconnues où l'on se retrouve seul (celles de Doncières et du Grand Hôtel de la Plage, à Balbec), chambre où l'on crée, dans *Le Temps* *retrouvé* : la *Recherche* s'est construite autour des rêveries sur les chambres comme autour des rêveries sur les noms*. La chambre de Proust a été reconstituée au musée Carnavalet.

◼ Charlus (Palamède de Guermantes, baron de)

Le frère du duc de Guermantes* est l'un des rares personnages présents dès les premières esquisses de la *Recherche* (il s'appelle alors Gurcy ou Guercy), paraissant dans tous les volumes du roman, et y jouant chaque fois un rôle de premier plan : ami de Swann* dans « Un amour de Swann », mondain fantasque dans *Du* *côté de Guermantes*, « protecteur » du violoniste Morel dans *Sodome* *

Page suivante :
Portrait
du comte Robert
de Montesquiou
par Lucien
Doucet, 1879.
H/t 130 × 96.
Musée national
du château
de Versailles.

James Tissot,
Le Cercle de la
rue Royale, 1868.
H/t. Coll part.

et Gomorrhe, germanophile pendant la guerre*, « homme enchaîné » et flagellé des hôtels borgnes. Glorifié ou humilié, c'est une des grandes figures que crée Proust, un mélange shakespearien de tragique et de bouffonnerie. Inspiré par une pléiade d'invertis précieux, dont le plus fameux est Robert de Montesquiou* (lequel, malgré les protestations de Proust affirmant que Charlus est « entièrement inventé », voit bien d'où vient le personnage, et devine ses origines littéraires [le Vautrin de Balzac*]), Charlus est le type de l'inverti* raffiné, aristocrate sourcilleux, grandiose dans ses amours comme dans ses colères, qui donne à chaque instant et partout où il est la comédie d'un goût exquis contrarié par des goûts bizarres. Proust a craint que le récit impudique de ces amours ne choque ses éditeurs*. Aussi prit-il soin de le leur présenter dès 1912 : « Je crois ce caractère – le pédéraste viril, en voulant aux jeunes gens efféminés qui le trompent sur la qualité de la marchandise en n'étant que des femmes –, ce "misanthrope" d'avoir souffert des hommes comme sont misogynes certains hommes qui ont trop souffert des femmes, je crois ce caractère quelque chose de neuf. »

■ CLEFS
« Mon personnage était construit d'avance »

À* la recherche du temps perdu n'est pas un roman à clefs : Proust le répète à ses amis* – pour éviter de s'en faire des ennemis. C'est pourtant un jeu de société que de deviner lequel d'entre eux se cache derrière Bloch (voir Juifs), Gilberte*, Saint-Loup ou Bergotte*, qui a prêté ses ridicules, ses frasques ou ses cuirs. Tout en prétendant qu'il n'y a « nulle part clefs ni portraits », Proust reconnaît (et, fait unique, dans la *Recherche*) avoir mis quelque chose de Charles Haas dans *Du* côté de chez Swann*. Pour la duchesse de Guermantes*, il avoue à ses correspondants avoir emprunté ses mots d'esprits à Geneviève Straus*, son élégance à la comtesse Greffulhe. À Montesquiou*, qui croit se reconnaître dans Charlus*, il parle du baron Doäzan : « Mais cette ressemblance, comme la mémoire apporte à un peintre le souvenir d'une "vue", est fugitive. Mon personnage était construit d'avance. »

La comtesse Greffulhe. Photographie de Nadar, tirage sur papier albuminé. Paris, coll part.

Plus importantes sont les explications qu'il donne à Jacques de Lacretelle : « Il n'y a pas de clefs pour les personnages de ce livre ; ou bien il y en a huit ou dix pour un seul ; de même pour l'église de Combray, ma mémoire m'a prêté comme "modèle" (a fait poser) beaucoup d'églises. Je ne saurais plus vous dire lesquelles. » Et il donne quelques clefs de la sonate de Vinteuil* ou des monocles portés par ses personnages. Cependant, dans *Sodome* et Gomorrhe*, il affirme le caractère original de son œuvre : « Les gens du monde se représentent volontiers les livres comme une espèce de cube dont une face est enlevée, si bien que l'auteur se dépêche de "faire entrer" dedans les personnes qu'il rencontre. » Chez Proust, la part de l'imagination, de la construction, de la rêverie, de la spéculation psychologique, dépasse celle de l'observation et de l'expérience. Il ne compose pas des Mémoires, mais un roman* à sujet philosophique. Enfin, il ne faut pas négliger que les clefs de certains personnages se trouvent dans l'œuvre de Proust elle-même, dans les tentatives romanesques ou critiques antérieures à la *Recherche*. Ainsi, l'Odette d'« Un amour de Swann » doit beaucoup à la Françoise de *Jean* Santeuil*, et les demoiselles du téléphone dans *Le Côté* de Guermantes* sont-elles issues d'un article de 1907 sur la comtesse de Boigne.

« Je suis trop paresseux pour écrire s'il ne s'agit que de faire double emploi avec la réalité. »

Marcel Proust.

Combray. Voir Illiers

Contre Sainte-Beuve

La critique est féconde : sans Sainte-Beuve, Proust aurait-il écrit *À la recherche du temps perdu* ? C'est en 1907 que Proust lit sur l'auteur des *Lundis* des pages qui l'irritent ; on y prononce l'éloge de sa méthode. Or, depuis longtemps, Proust est convaincu qu'elle est mauvaise et que

M. Sainte-Beuve.
Libre Mangeur.
Caricature
de Gill extraite
de *L'Éclipse*,
3 mai 1868.
Paris,
Bibliothèque
nationale
de France.

Sainte-Beuve a méconnu la plupart des grands écrivains de son temps. Il entreprend donc (après avoir rédigé quelques pastiches* de son style) de composer une réfutation de l'œuvre du critique romantique.
Sainte-Beuve (1804-1869) fréquentait les auteurs qu'il jugeait, et cette intimité l'a abusé : Flaubert* était un « brave garçon », Stendhal « lançait des paradoxes piquants », Baudelaire* était « modeste » et « poli », mais aucun d'eux n'avait le génie d'un Royer-Collard ou du comte Mollé, leurs livres sont ennuyeux, illisibles, eux-mêmes en riaient. Or, dit Proust, « cette méthode qui consiste à ne pas séparer l'homme et l'œuvre », cette méthode biographique qui conduit « à s'entourer de tous

les renseignements possibles sur un écrivain […], cette méthode méconnaît ce qu'une fréquentation un peu profonde avec nous-mêmes nous apprend : qu'un livre est le produit d'un autre moi que celui que nous manifestons dans nos habitudes, dans la société, dans nos vices » (voir Je).
Proust songe d'abord à écrire cet essai sous la forme d'« une conversation avec Maman ». Insensiblement, la conversation aborde d'autres sujets, s'élargit, fait intervenir des personnages imaginaires qui, à leur tour, prennent une certaine indépendance : Sainte-Beuve s'éloigne, Combray* se rapproche. À plusieurs reprises, Proust se dit prêt à publier son essai. En vérité, il n'en a rédigé que des morceaux épars. La critique cède le pas à la narration. Sainte-Beuve est terrassé par le roman.
Le manuscrit de *Contre Sainte-Beuve*, publié en 1954, puis, selon de nouveaux principes, en 1971, est un objet vague, ambigu, dont il est délicat de fixer les limites. Quand et comment l'essai devient-il roman, c'est l'une des deux ou trois questions qui agitent la critique depuis des années. Y répondre reviendrait à percer le mystère de la création proustienne.

Correspondance
Comme tous les écrivains de son époque, Proust, lecteur de Mme de Sévigné, entretient une importante correspondance qui lui permet de rester en contact avec le monde malgré sa maladie (voir Asthme), de traiter mille affaires, de sermonner ses éditeurs*, de convaincre ses critiques, voire de « tester » auprès de ses amis des passages inédits de son œuvre… Elle représente donc une extraordinaire source

La Comtesse Anna
de Noailles par
Philip-Alexis
de Laszlo, 1913.
H/t 93,5 × 73.
Paris,
musée d'Orsay.

d'informations. Ses correspondants se nomment Anna de Noailles, Robert de Montesquiou*, Reynaldo Hahn*, Geneviève Straus*, André Gide, Gaston Gallimard, Jacques Rivière (voir NRF), Paul Morand, Jean Cocteau, François Mauriac, etc.

Une édition chronologique de la *Correspondance* de Proust, présentée et annotée par Philip Kolb, qui en fit l'œuvre de sa vie, a paru de 1971 à 1993 aux éditions Plon. Elle comporte 21 volumes, 5 355 lettres, dont la plupart ont été datées par Kolb (Proust négligeait de le faire lui-même). Mais plusieurs milliers de lettres manquent à l'appel : tout ou partie de celles qu'il adressa à son père*, à Lucien Daudet*, à Bertrand de Fénelon, à Reynaldo Hahn, à Madeleine Lemaire, à Jeanne Pouquet, à Willie Heath, à Edgar Aubert, etc.

Proust, qui, en 1893, avait commencé à écrire un roman par lettres avec quelques amis, ne pouvait ignorer le dynamisme qu'une missive confère au récit : dans son roman, la correspondance n'est pas un succédané de la conversation, mais un moteur de l'action. Les lettres d'Odette Swann*, de Gilberte*, d'Albertine* sont des aliments de l'amour qu'on leur voue, aiguillonnant tour à tour passion et jalousie. La correspondance peut aussi annoncer des coups de théâtre : c'est par une lettre (en fait, un télégramme) que le héros apprend la mort* d'Albertine ; c'est par une autre lettre, mal interprétée, qu'il s'imagine qu'elle est encore en vie.

■ CÔTÉ DE GUERMANTES (LE)

Le Côté de Guermantes n'est pas seulement, à Combray* et dans l'architecture de la *Recherche*, le pendant de *Du* Côté de chez Swann*, une des deux promenades possibles de Combray, l'univers aristocratique opposé au monde de la bourgeoisie. Issu de la rêverie sur les noms*, c'est aussi le livre de la féerie, du snobisme* conçu comme émerveillement, comme une étape sur la route de la vocation.

Dans le projet initial d'*À la recherche du temps perdu*, *Le Côté de Guermantes* correspondait à « L'Âge des noms ». Proust voulait montrer comment le narrateur*, ayant rêvé autour du nom de Guermantes, peuplait peu à peu son rêve de réalité en rencontrant tous les membres de la famille Guermantes*. Son ascension dans le faubourg Saint-Germain était scandée par une suite de scènes mondaines, qui voyaient le héros reçu dans des salons* de plus en plus prestigieux, tous liés à la famille la plus brillante de Paris* : la duchesse de Guermantes lui sourit à l'Opéra (voir Théâtre), il est invité chez Mme de Villeparisis, son amitié avec Saint-Loup connaît ses plus belles heures (à Paris comme à Doncières), il foule enfin le paillasson de l'hôtel Guermantes, pour pénétrer dans le petit cercle des intimes de la duchesse, il s'offre même le luxe d'une brouille avec Charlus*. L'apothéose a lieu lors de la réception chez la princesse de Guermantes, que les remaniements du roman ont déplacée dans *Sodome* et Gomorrhe*, déséquilibrant ainsi une belle construction.

Seul l'épisode de la mort* et de la maladie de la grand-mère, point final du roman familial, à la jonction des deux parties du *Côté de Guermantes* (respectivement publiées en 1920 et 1921, la seconde sous la même couverture que *Sodome et Gomorrhe I*), met un terme au roman familial et de l'enfance.

> « *Si le* Côté de Guermantes *était meilleur*
> *et digne d'une telle épigraphe,*
> *je lui appliquerais le vers de Baudelaire :*
> *"Mais où la vie afflue et s'agite sans cesse".* »
>
> Marcel Proust, lettre à Gaston Gallimard, novembre 1920.

Le Miroir.
Aquarelle de Philippe Jullian
pour *Le Côté de Guermantes.*
Paris, collection Mante Proust.

DAUDET

Alphonse Daudet et sa femme dans leur cabinet de travail par Louis Montegut, 1883. H/t 44,5 × 50. Paris, musée Carnavalet.

Daudet

Proust a toujours eu pour la famille Daudet, chez qui l'introduit Reynaldo Hahn*, une tendresse particulière, que n'expliquait pas complètement son admiration* pour l'œuvre d'Alphonse : « Le mortel chagrin que [*L'Arlésienne*] inocule est la cause de presque toutes les folies que j'ai faites dans la vie et de celles que j'ai encore à faire, écrit-il en 1918. Au lieu que mon petit garçon, dans mon livre, soit halluciné par l'exemple de Swann, c'est *L'Arlésienne* que j'aurais dû dire. »

Proust a laissé deux émouvants portraits de Daudet (1840-1897) : le premier, en 1897, quelques mois avant la mort du maître provençal, le second en forme d'hommage, après sa disparition : « Alphonse Daudet est un roi, un roi maure, au visage énergique et fin comme le fer d'une sarrasine. » Son amitié pour Léon, que n'entame pas leur antagonisme politique* (et qui lui vaut le soutien du polé-miste au prix* Goncourt), son amour pour Lucien, qui se solde, comme toujours, par une brouille suivie d'une correspondance* affectueuse, l'attention même qu'il porte aux livres de leur mère, Julia Allard, collaboratrice d'Alphonse, témoignent de son attachement à une famille qui, par bien des côtés, touche à la littérature, à l'art, à l'histoire du XIXᵉ siècle, de Victor Hugo (Léon a épousé Jeanne Hugo) au grenier d'Edmond de Goncourt*, de l'impératrice Eugénie, dont Lucien est l'intime, à Whistler, dont il fut l'élève.

Domestiques

Proust connaît mieux ses domestiques que certains de ses amis* : il discute longuement avec eux, de politique* ou de littérature, leur écrit, les conseille, leur donne de gros pourboires, leur soutire des indiscrétions (à ceux du Ritz*), leur demande leur avis sur son œuvre, les aime (Agostinelli*, Forssgren, etc.). Aussi les

50

omestiques ont-ils une place importante dans *À* la recherche du temps perdu*, qui n'est pas seulement, comme on l'a dit, le roman des nababs et des oisifs. Tout au long du livre, Françoise joue auprès du narrateur* un rôle de contrôle et de protection quasiment maternel : quand la mère est absente (dans *La Prisonnière**, par exemple), c'est Françoise qui veille sur le narrateur, entrant sans crier gare dans la chambre où celui-ci embrasse Albertine*, ou lui apprenant le départ de la jeune fille.

Avec Françoise, avec tel valet de pied des Guermantes*, avec Céleste Albaret*, Proust étudie en outre le langage du peuple, avec ses particularités régionales, comiques ou savoureuses.

Sa volonté de donner, comme Balzac*, une voix distincte à chacun de ses personnages trouve là un vaste champ où s'exercer.

Céleste et Odilon Albaret.

■ DREYFUS (AFFAIRE)
« Je crois bien avoir été le premier dreyfusard » (Proust, 1919)

De la dégradation solennelle du capitaine Alfred Dreyfus en 1894 à sa réhabilitation en 1906, « l'Affaire » a divisé la France, portant la discorde dans les journaux, dans les familles, dans les salons, dans la rue. Sur fond d'antisémitisme (voir Juifs), la France catholique et nationaliste « invente » le coupable Dreyfus, accusé d'espionnage au profit de l'Allemagne et expédié au bagne. C'est grâce à l'action des « intellectuels », Bernard Lazare, Clemenceau, Jaurès ou Zola, auteur du célèbre « J'accuse » (13 janvier 1898), que Dreyfus peut recouvrer sa liberté et son honneur. D'emblée, Proust est favorable à la révision, signe des pétitions, assiste au procès Zola de 1898, entre en relation avec les acteurs du drame.

Proust fréquente un milieu qui, dans son ensemble, n'est guère favorable au capitaine « israélite ». En s'engageant pour Dreyfus, en parlant longuement de l'Affaire dans sa correspondance*, dans ses romans (*Jean* Santeuil*, *Le Côté* de Guermantes*), Proust ne faisait pas seulement œuvre de sociologue fidèle, observant et racontant cette fracture capitale de la société française. Il rendait aussi hommage au jeune homme qu'il avait été et qui s'était enflammé pour une juste cause. Si l'on ne peut placer Proust aux côtés de Voltaire ou Zola, son œuvre n'ayant pas été conçue selon un dessein politique*, du moins faut-il lui reconnaître le courage, la lucidité, la générosité qui firent, alors, défaut à tant de Français.

■ DU CÔTÉ DE CHEZ SWANN

ublié aux éditions* Grasset en 1913, *Du côté de chez Swann* est le premier volume d'*À la recherche du temps perdu*. Il comporte trois parties : « Combray » évoque les souvenirs d'enfance du narrateur* dans une petite ville de province, ses promenades des deux côtés (« de chez Swann* » et « de Guermantes* »), ses rêveries, son goût pour les fleurs*, sa famille* (ses parents, ses grands-parents, sa tante Léonie), les domestiques* (Françoise), les voisins (les Swann, le curé, etc.) « Un amour de Swann » raconte une histoire survenue avant la naissance du narrateur, la liaison de Charles Swann, riche amateur juif*, et d'Odette, spirituelle cocotte, dans le milieu artiste et bourgeois des Verdurin* ; dans « Noms de pays : le nom », qui se déroule à Paris*, on retrouve le narrateur rêvant à des noms* de villes qu'il aimerait visiter, s'introduisant chez les Swann, autant attiré par Charles et Odette que par leur fille, Gilberte.

Château de Tansonville qui est devenu
le modèle de la maison de Swann.

est sans doute difficile, pour les lecteurs de 1913 qui ne connaissent pas
l'ampleur que va prendre l'œuvre, de
comprendre *Du côté de chez Swann* :
ceux qui sont insensibles à la profondeur des analyses psychologiques, à
la vérité des portraits, à la poésie des
paysages, condamnent le composite
du livre. Son unité ne peut apparaître,
en effet, avant la publication du
Temps* retrouvé, en 1927. Pourtant,
dans les interviews accompagnant la
publication du roman, Proust s'évertue

déjà à la souligner : « Mon œuvre était
dans ma pensée comme serait une
vaste tapisserie dans un appartement
qui ne pourrait la contenir tout d'une
pièce et qu'il faudrait découper. Mes
personnages paraîtront sous leurs
faces multiples, au cours des tomes,
ainsi que dans le temps se découvrent
à nous les diverses personnalités d'un
même individu. »

DUELS

*Portrait
de Jean Lorrain*
par Antonio
de La Gandara,
1898.
H/t 149 × 93.
Paris,
musée d'Orsay.

■ Duels

Jean Lorrain (romancier dandy, conteur décadent, journaliste voluptueux) ayant brocardé Proust, au moment de la publication des *Plaisirs* et les Jours* (1896), et laissé entendre que ses mœurs ne sont pas celles de Don Juan (voir Inversion), Proust le provoque en duel. Ils se battent au pistolet, un échange de balle suffisant à laver l'injure. Mais, dans la mythologie proustienne, ce combat, où il fait preuve d'une grande bravoure, prend les dimensions d'une épopée à la Tartarin.

Les duels, avoue-t-il, représentent pour lui un « amusement infini » : il se battrait avec tout le monde ; curieusement, seul Paul Léautaud lui ferait peur, car c'est « l'ange des ténèbres » (voir Maman). Il ne rate guère une occasion de rappeler ce fait d'armes (souvent, d'ailleurs, pour défendre son œuvre et son honneur « viril ») et, dès qu'une relation devient désagréable ou désobligeante, il menace de lui envoyer ses témoins. C'est ce qu'il fait par exemple, en 1908, avec Camille Plantevignes dont le fils colportait des ragots sur son compte : l'affaire s'apaisera. Quand Paul Souday, critique

du *Temps*, le juge « féminin », i rétorque : « Ceux qui m'on servi de témoins en duel vou diront si j'ai la mollesse des effé minés. » En 1920, il tance ains Jean de Pierrefeu : « En vou demandant l'autre soir de dîne avec nous si peu de temps aprè un article peu aimable de vous j'avais fait une chose uniqu dans ma vie. Jadis en pareil cas j'avais la manie des duels. » E en 1922, quelques mois avan sa mort, témoin d'une rix d'ivrognes dans un bar, il croi que « le temps charmant de duels [va] renaître » pour lui.

■ Éditeurs

Proust a longtemps confond éditeurs et imprimeurs, prêt payer les premiers pour le tra vail des seconds. Si *Les Plaisirs*

et les Jours sont publiés en 1896 par Calmann-Lévy, qui prend à sa charge les frais d'une édition luxueuse et peu rentable (quelques dizaines d'exemplaires vendus en vingt ans), si les traductions* de Ruskin* paraissent au Mercure de France, qui verse de maigres droits d'auteur à Proust, aucun de ces éditeurs ne souhaite publier l'extravagant roman qu'il leur propose à partir de 1912. Aussi envisage-t-il d'offrir de financer l'impression de son œuvre. Cette proposition, assortie d'inquiétantes mises en garde sur l'indécence de certaines parties du livre, n'a rien d'engageant. Le jeune comptoir d'éditions de la *NRF**, en particulier, retourne le manuscrit sans l'avoir lu, ou presque : André Gide s'accusera par la suite d'être responsable de cette erreur de jugement. Seul Bernard Grasset se laisse séduire par l'argument financier et accepte de mettre son nom sur la couverture de *Du* côté de chez Swann.*

Mais Proust n'a pas renoncé à voir son œuvre paraître à la *NRF*. Quand l'équipe de Gaston Gallimard s'aperçoit de sa bévue et propose à Proust de publier la suite de son œuvre, aux frais de la maison, il fait tout ce qu'il peut pour reprendre sa liberté vis-à-vis de Grasset. La guerre* lui en offre enfin l'occasion. Désormais, le nom de Proust sera attaché à celui de Gallimard, qui obtient, grâce à lui, le premier prix* Goncourt d'une longue série.

Gaston
(à droite)
et Raymond
Gallimard.

■ ELSTIR
La peinture faite homme

Avec Elstir, Proust crée plus qu'un personnage de peintre, il invente une œuvre dont on peut, en lisant la *Recherche*, dresser le catalogue. Le narrateur* rencontre Elstir à Balbec*. À travers la fréquentation de son atelier, la description de ses tableaux, qui se poursuit jusque dans *Le Temps* *retrouvé*, Proust affirme une esthétique. Le personnage est inspiré par plusieurs peintres que Proust a connus : son nom rappelle celui de Whistler, avec qui il a parlé de Ruskin*, mais aussi celui de Helleu, qu'il a fréquenté, qui lui a offert un tableau et qui, comme Elstir, aimait les yachts et les régates. Son langage évoque celui de Vuillard, et certains détails de sa biographie, enfin, rappellent Thomas Alexander Harrison, impressionniste américain installé en Bretagne, avec qui Proust et Hahn* se lient en 1895.

Mais ses tableaux sont empruntés à d'autres artistes. Divisée en périodes, son œuvre résume les courants artistiques de la seconde moitié du XIXe siècle, entre impressionnisme* et symbolisme*. Dans sa période mythologique, par exemple, il peint quelques-uns des tableaux de Gus-

tave Moreau : le *Jeune homme rencontrant un centaure* d'Elstir est copié sur son *Poète mort porté par un centaure*. Japoniste, il se rapproche de Whistler, tant par ses sujets (des paravents, des vases de porcelaine) que par ses titres : *Variations en opale*. Ses natures mortes sont de Chardin (dont *Le Buffet* est précisément décrit) ou de Manet (une botte d'asperges – parfois une botte de radis –, une huître entrouverte, un bouquet de violettes), ses champs de course de Degas, son *Dégel*, ses falaises et ses cathédrales de Monet. Enfin, il hérite du *Déjeuner des canotiers* et de *Madame Charpentier et ses enfants*, de Renoir.

Le chef-d'œuvre d'Elstir, ce *Port de Carquethuit* dont la description occupe plusieurs pages des *Jeunes Filles*, rassemble des souvenirs de Turner, de Boudin, de Helleu, de Monet. C'est l'occasion, pour Proust, d'exposer ce qu'il recherche dans un tableau (et qu'on retrouve dans la *Vue de Delft*, de Vermeer*) : la métaphore picturale, qui est au cœur de l'œuvre, car Elstir n'y emploie « pour la petite ville que des termes marins et que des termes urbains pour la mer » ; l'intérêt égal (et pour ainsi dire baudelairien*) porté à des spectacles humbles ou nobles que leur qualité esthétique suffit à rendre dignes de la toile ; la modernité et l'originalité d'un style qui sont, aux termes de la poétique proustienne, les meilleures garantes de son classicisme, car les seules qui l'ancrent dans son époque et lui permettront de durer.

Édouard Manet,
L'Asperge, 1880. H/t 16 × 21.
Paris, musée d'Orsay.

Jean Siméon Chardin,
Le Buffet, 1728. H/t 194 × 120.
Paris, musée du Louvre.

■ FAMILLE
Le côté Proust, le côté Weil

Par son père*, Proust est lié à la petite bourgeoisie provinciale, par sa mère (voir Maman) à la grande finance parisienne. Dès le XVIᵉ siècle, les Proust, originaires d'Illiers*, sont notables, baillis, notaires, « receveurs de la Seigneurie ». Les grands-parents de Marcel sont épiciers, établis en face de l'église. En trois cents ans, la famille n'a pas parcouru cent mètres.

Adrien, le père, est le premier à quitter l'Eure-et-Loir pour la capitale, et à s'introduire ainsi dans un monde plus brillant.

Du côté maternel, les Weil, juifs* originaires du Wurtemberg, se sont d'abord installés en Alsace, où ils sont devenus français sous la Révolution, puis à Paris. Porcelainiers, banquiers, magistrats, hommes d'affaires, manufacturiers, ils occupent des charges importantes et s'illustrent dans divers domaines. Adolphe Crémieux, grand-oncle de la mère de Proust, est plusieurs fois ministre ; sa femme, Amélie, reçoit dans son salon les écrivains romantiques : c'est là que la grand-mère de Marcel connaîtra Rossini, Hugo ou Lamartine.

Sans doute, ce n'est pas Proust qui eût écrit « Familles, je vous hais ! ». Il a, au contraire, étudié la « passionnante variété de l'histoire des familles ». Toutefois, il néglige dans son œuvre les liens de famille horizontaux (mariage, fraternité, cousinage), pour privilégier les rapports de filiation, de descendance, d'hérédité. Ainsi son frère Robert, médecin comme leur père, et pour lequel il déclare une grande affection, ne revit-il dans aucun personnage de la *Recherche*, quand tous les autres membres de sa famille, grands-parents, parents ou oncles, ont donné quelque chose d'eux aux parents du narrateur*.

Jeanne Proust assise entre ses deux fils, 1896. Paris, Bibliothèque nationale de France.

■ Flaubert (Gustave)

L'œuvre de Gustave Flaubert (1821-1880) a donné à Proust des leçons de style que celui-ci analyse dans « À propos du "style" de Flaubert » (*NRF*, janvier 1920), où il reprend des idées notées dans ses cahiers pour *Contre* Sainte-Beuve.

Quoiqu'il n'y eût « peut-être pas dans tout Flaubert une seule belle métaphore », il loue son « génie grammatical », « l'usage entièrement nouveau qu'il a fait du passé défini, du passé indéfini, du participe présent, de certains pronoms et de certaines prépositions ». Il admire aussi chez l'auteur de *L'Éducation sentimentale*, qu'il sache « donner avec maîtrise l'impression du Temps » et il cite la fin du roman où un « énorme "blanc" » dans le récit fait sauter le lecteur par-dessus les années, technique qu'il emploiera dans *Le Temps* * *retrouvé* quand le héros, s'étant retiré dans une maison de repos, revient à Paris et découvre ses amis vieillis.

Comme toujours chez Proust, l'assimilation et le dépassement d'un style passent par l'exercice du pastiche*. Flaubert est, avec les Goncourt*, l'auteur qu'il a le plus pastiché. Dès *Les Plaisirs* * *et les Jours* (1896), il donne le magistral « Mondanité et mélomanie de Bouvard et Pécuchet », l'une des meilleures pièces du recueil, et il revient sur ce motif en mars 1908, avec « L'Affaire Lemoine par Gustave Flaubert ».

Gustave Flaubert par Eugène Giraud, v. 1856. H/t 55 × 45. Musée national du château de Versailles.

■ Fleurs

La fleur est un organe sexuel : Proust, qui aimait trop les fleurs mais souffrait de les approcher, s'en souvient comme d'un interdit à transgresser, lorsqu'il décrit les jardins de sa *Recherche* où les fleurs sont toujours liées à quelque forme de sexualité. Si l'aubépine, fleur de Combray* et donc de l'enfance, symbolise la virginité – c'est elle qui décore, au « mois de Marie », l'autel de l'église –, elle perd de sa blancheur au voisinage troublant de Gilberte*. L'iris, charnel, parfume le petit cabinet où le héros se masturbe (voir Onanisme). Pour Swann* et Odette*, *faire cattleya* signifie « faire l'amour ». Dans *Sodome* * *et Gomorrhe*, la fécondation d'une orchidée par un bourdon est la métaphore de l'union homosexuelle* de Charlus et Jupien.

Cattleya trianae.

France (Anatole)

Anatole France (1844-1924), qui a prêté bien des traits au personnage de Bergotte* (ne serait-ce que sa barbichette), a toujours exprimé pour Proust une bienveillante condescendance. De la préface qu'il donne en 1896 aux *Plaisirs* et *les Jours* (« Il y a en lui du Bernardin de Saint-Pierre dépravé et du Pétrone ingénu ») à telle confidence recueillie par un secrétaire (« Je ne comprends rien à son œuvre »), France n'a dû voir en Proust qu'un aimable causeur, un gendre idéal à qui, à son tour naïf, il projeta un temps de marier sa fille.

Proust, de son côté, qui fréquente le salon* de sa maîtresse, Mᵐᵉ Arman de Caillavet (on a prétendu, sans preuve, qu'elle avait rédigé la préface des *Plaisirs et les Jours*), témoigne d'abord la plus grande admiration à celui qu'il nomme « notre doux maître en scepticisme délicieux » et dont il lit avec assiduité et exploite les articles critiques de *La Vie littéraire* (notamment l'étude sur Racine*). Puis il découvre Ruskin*, et une « religion de la beauté » qui lui convient mieux. Après la guerre*, sans cesser de

déclarer à France estime et affection, il polémique avec lui, qui prétend qu'« on écrit mal depuis la fin du XVIIIᵉ siècle ». France, cependant, reste son *maître*, car, dans une époque où le littérateur débutant peut choisir entre symbolisme* et néoclassicisme, il offre l'exemple d'une modernité à la fois pessimiste et digne, d'un humanisme sensible et généreux qui seront, à bien des égards, ceux de Proust lui-même. Celui-ci reprendra en effet ce flambeau du poète devenu philosophe qu'avait si bien porté France.

Françoise.

Voir Domestiques

Anatole France.
Photographie
de Nadar. Paris,
musée d'Orsay.

Notes pour
la *Recherche*.
Carnets offerts
à l'auteur
par Geneviève
Straus en 1908.
Paris,
Bibliothèque
nationale
de France.

GENÈSE
Un roman à jamais inachevé...

Après la découverte de *Contre* Sainte-Beuve en 1954, la critique a pu reconstituer la genèse de la *Recherche* par l'étude des cahiers d'esquisses, des manuscrits*, des dactylographies et des épreuves que Proust a laissés. La critique « génétique » s'est ainsi constituée en spécialité proustienne, demandant aux « avant-textes » les secrets de la création du roman.

On ne peut plus lire Proust, aujourd'hui, sans l'éclairage qu'apportent au texte définitif ces couches successives

■ Gilberte.

Voir Du côté de chez Swann

■ Goncourt (Jules et Edmond de)

Naturalistes et artistes, les Goncourt sont la figure de l'homme de lettres fin de siècle (quoique Jules disparaisse dès 1870, laissant son frère Edmond poursuivre seul l'œuvre commune jusqu'en 1896). Proust, qui a peu fréquenté Edmond, qui n'appréciait guère son style, l'a lu, en revanche, la plume à la main. Pour lui, qui craignait, en 1916 d'être « un vieux Goncourt sans talent, sans beaux objets, sans rien », et qui fut cependant lauréat du prix littéraire fondé par Edmond, le *Journal* représente l'une de ces œuvres à la fois aimées et détestées qui stimulent la réflexion critique – et donc la création romanesque –, qui apportent la conversation des meilleurs salons* dans la chambre* du solitaire, qui tracent des portraits vivants de personnages chers à Proust (Flaubert*, Daudet*, la princesse Mathilde, Geneviève Straus, etc.).

Aussi, laissant de côté les romans, c'est le *Journal* qu'il lit et commente, où il puise anecdotes et bons mots, et c'est lui

Portrait d'Edmond de Goncourt par Jean-François Raffaëlli, 1889. H/t 260 × 170. Nancy, musée des Beaux-Arts.

qu'il pastiche* à deux reprises : en 1907, dans sa série sur l'affaire Lemoine (où il se venge du dépit qu'il dut éprouver à ne pas voir son nom figurer dans le vrai *Journal* en l'y introduisant avec facétie : « Un curieux être que ce Marcel Proust ») et dans *Le Temps* retrouvé, où un passage inédit du *Journal*, lu à Doncières, apporte au narrateur* des renseignements surprenants sur le milieu des Verdurin* et prépare la révélation finale du « Bal de têtes ».

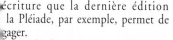

écriture que la dernière édition la Pléiade, par exemple, permet de gager.

procédé de composition de Proust est pas linéaire : il rédige différents gments, morceaux indépendants qu'il prend parfois pendant plusieurs nées pour les corriger, les augmenter, diviser, qu'il relie au dernier oment, et dont la destination peut rier au fil des mois et des plans ssemblage. Certaines indications ées sur ses cahiers montrent la flui-

dité de la composition, un même passage pouvant convenir à des contextes différents. Rien de figé : les noms propres évoluent (Gurcy devient Charlus*, Carmen se transforme en Odette), des épisodes apparaissent brusquement (Albertine* ne figure pas dans le premier projet de Proust) ou sombrent corps et biens (Proust voulait-il vraiment supprimer la Venise d'*Albertine* disparue ?). Le mouvement incessant de l'écrivain à l'intérieur de ses esquisses assure ainsi l'extraordinaire dynamique de l'œuvre.

Jean Béraud,
La Soirée,
v. 1880.
H/t 35 × 27.
Paris, musée
Carnavalet.

■ **Guermantes**

Symbole de la plus haute aristocratie, les Guermantes sont,
dans la *Recherche*, l'objet d'un
véritable culte de la part du narrateur* – non sans ironie quand
le paillasson usé de leur hôtel
lui paraît le rivage merveilleux
d'un pays enchanteur, et parfois
avec flamme quand le héros
s'éprend de la duchesse, paran-
gon d'élégance et d'esprit. Leur
patronyme est à l'origine de cet
engouement et le motif principal des rêveries sur les noms*.
Proust l'a trouvé dans la géographie (il existe, près de Lagny, en
Seine-et-Marne, un beau château de Guermantes) et il se
renseigne, en 1909, pour savoir
« s'il est entièrement éteint et à
prendre pour un littérateur ».
Séduit par ses qualités musi-
cales, il ajoute à la beauté du
nom le prestige du temps, faisant remonter la famille à

Geneviève de Brabant. La plupart des aristocrates de la *Recherche* sont apparentés aux Guermantes, dont les modèles sont multiples (voir Clefs) : outre ceux qui portent ce nom (le duc Basin, la duchesse Oriane, la princesse Marie-Hedwige), Charlus*, Saint-Loup, Mme de Villeparisis sont les figures principales d'une famille qui connaît, avec la guerre*, un extraordinaire renouvellement, puisque Mme Verdurin* devient princesse de Guermantes en épousant Gilbert, prince ruiné, cousin du duc, « un roi de féerie ». En dehors de caractères physiques communs (Proust s'intéresse fort à l'hérédité), les Guermantes se singularisent par leur esprit, que Proust a voulu illustrer d'exemples (souvent empruntés à Geneviève Straus*) pour rivaliser avec Saint-Simon* : « Agacé de [le] voir parler toujours du langage si particulier aux Mortemart sans jamais nous dire en quoi il consistait, j'ai voulu tenir le coup et essayer de faire un "esprit de Guermantes". »

Guerre de 1914-1918

Si Proust a rejeté le pacifisme d'un Romain Rolland, il n'a jamais été belliciste ni nationaliste : pendant la guerre même, il n'éprouve aucune haine pour l'Allemagne, continue de lire Nietzsche et d'écouter Beethoven. Et s'il admire sincèrement les héros (son frère, médecin, opère sous la mitraille dans les hôpitaux de campagne), s'il éprouve de la compassion pour les morts (son cher Bertrand de Fénelon, l'un des modèles de Saint-Loup, disparaît dès les premiers combats), il n'a lui-même aucune conscience du danger, sort dans

Paris* durant les alertes, dîne au Ritz* sous les bombardements. Il dira d'ailleurs, par la bouche de Charlus*, « que la guerre a changé toutes nos habitudes » est « un des aphorismes idiots qu'affectionne Norpois ». Pour lui, l'art, la littérature trouvent leur légitimité dans le moi de celui qui les crée, non dans l'événement qui les inspire.

C'est d'une autre façon que la guerre va marquer son œuvre. Non seulement elle lui permet de changer d'éditeur*, mais elle lui donne le temps d'augmenter son œuvre. Ainsi devient-elle l'un de ces grands repères qui,

Ordre de mobilisation générale, 2 août 1914.

comme l'affaire Dreyfus*, ancrent la *Recherche* dans l'histoire contemporaine. On en retrouve d'innombrables traces dans le texte, dans *Le Temps* retrouvé*, bien sûr, mais aussi dans *Le Côté* de Guermantes où Proust recopie des considérations stratégiques publiées dans les journaux de 1916 pour les attribuer aux officiers amis de Saint-Loup, à Doncières, voire dans *Du* côté de chez Swann* où, lorsqu'on le réédite en 1919, Proust apporte une menue correction destinée à rapprocher Combray* de Reims, et donc de la future ligne de front.

Pages suivantes : Reynaldo Hahn. Photographie de Nadar. Paris, Bibliothèque nationale de France.

Illiers, vue du clocher et de la tour ronde.

◾ Hahn (Reynaldo)

Né à Caracas en 1875, élève de Massenet, Reynaldo Hahn a connu une gloire de jeune prodige dont la maturité n'a pas tenu les promesses. En 1894, quand Proust le rencontre chez Mme Lemaire, Hahn est fêté dans les salons* où il chante ses mélodies en s'accompagnant au piano ; bientôt, il crée des opéras, des poèmes symphoniques, des opérettes (*L'Île du rêve*, ou la fameuse *Ciboulette*), et dirige Mozart à Salzbourg. Leur idylle se noue et se dénoue dans des voyages, à Dieppe, en Bretagne, à l'époque où Proust écrit *Jean* * *Santeuil*, à Venise*. Leur conversation, brillante, confronte des points de vue tranchés : Hahn défend la tradition française, le chant mesuré, Mozart, quand Proust tient pour Wagner*. Lorsque la passion meurt, l'amitié reprend le dessus : elle s'exprime, jusqu'à la mort de l'écrivain, par des lettres curieuses, affectueuses, pleines de piques et de potins, rédigées en langage fantaisiste, et par les visites presque quotidiennes que Hahn rend à Proust. Il sera le premier lecteur de la *Recherche*. C'est lui aussi qui, après le 18 novembre 1922, prendra soin d'avertir les amis* de Proust que celui-ci vient de les quitter. Curieusement, il est l'un des rares personnages réels qui n'aient laissé aucune trace décelable dans la *Recherche*.

◾ Homosexualité.

Voir Inversion

◾ ILLIERS : LE FANTÔME DE COMBRAY

Dans la géographie littéraire de la France, Illiers tient une place à part : « ce petit village tout penché vers la terre avare et mère d'avarice, où le seul élan vers le ciel souvent pommelé de nuages, mais souvent aussi d'un bleu divin, et, chaque soir, transfiguré au couchant, de la Beauce, où le seul élan vers le ciel est encore celui du joli clocher de l'église », ce village d'Eure-et-Loir, à 25 kilomètres de Chartres, s'est identifié au bourg qu'il a inspiré au point d'en prendre le nom. Le berceau de la famille* Proust a été officiellement rebaptisé Illiers-Combray dans un surprenant jumelage entre réalité et imaginaire. Certes, après 1886, Proust n'est pas retourné dans la région où il avait passé quelques vacances de son enfance. Certes, Combray n'est pas tout Illiers, et emprunte même de nombreux traits à Auteuil. Mais on ne peut s'empêcher, en parcourant les rues d'Illiers, d'y traquer les reliques proustiennes – comme on recherche à Florence, sur les façades des palais, les inscriptions citant des vers de Dante –, et les pâtissiers ont raison d'y vendre « l'authentique madeleine* de tante Léonie », qui n'a jamais existé.

Le bourg, qui comptait moins de 3 000 habitants au tournant du siècle, présente quelques belles maisons à colombage, une église du XIVe siècle, des ruines féodales (et aujourd'hui un musée Marcel-Proust) : on reconnaît l'église de Combray, longuement décrite par Proust, et le vieux donjon où la petite Gil-

« *On reconnaissait le clocher de Saint-Hilaire de bien loin,*
inscrivant sa figure inoubliable à l'horizon où Combray n'apparaissait
pas encore ; quand du train qui, la semaine de Pâques,
nous amenait de Paris, mon père l'apercevait qui filait tour à tour
sur tous les sillons du ciel, faisant courir en tous sens son petit coq de fer,
il nous disait : "Allons, prenez les couvertures, on est arrivé." »

Marcel Proust, *Du côté de chez Swann.*

berte aurait pu l'initier aux jeux érotiques. Le Loir, qui la traverse, devient la Vivonne dans *Du* côté de chez Swann*, mais bien des toponymes des environs y reparaissent inchangés, et c'est sous son vrai nom qu'Illiers figure dans *Jean* Santeuil* : petite ville dévote, où « il y avait aussi des couteaux, des pigeons, du vent, des maréchaux-ferrants… »

Car Proust ne s'inspire pas seulement de la géographie. La vie du bourg, ses coutumes, ses promenades, sa végétation, ses personnages sont transposés dans le roman : ainsi, le curé de Combray, amateur d'étymologie, évoque-t-il le chanoine Marquis, auteur d'une monographie sur Illiers, et les aubépines qui décorent « Combray » ont poussé au bord du Loir.

Double page
précédente :
Claude Monet,
*Étretat, la porte
d'Aval : bâteaux
de pêche sortant
du port.*
H/t 60 × 81.
Dijon, musée
des Beaux-Arts.

■ Impressionnisme

Proust est né en pleine révolution impressionniste et a toujours défendu Manet, Renoir, Monet, Degas, qu'avait connus son ami et portraitiste Jacques-Émile Blanche. Ses amis*, ses relations collectionnaient leurs tableaux ; il visita leurs expositions, fréquenta certains d'entre eux, et l'œuvre d'Elstir*, dans la *Recherche*, peut être considérée comme la synthèse de leur époque et de leur école. Pour Proust, l'impressionnisme n'a jamais perdu son pouvoir, finissant par imprégner notre vision de la réalité : depuis Monet, depuis Degas, on observe un jardin ou une cathédrale avec les yeux de Monet, des chevaux ou des danseuses avec le regard de Degas, etc. « Des femmes passent dans la rue, différentes de celles d'autrefois, puisque ce sont des Renoir. »

Au lendemain de la guerre*, les œuvres impressionnistes pouvaient de plus évoquer un monde disparu, heureux, un âge d'or de la société française. Aussi le succès d'*À* l'ombre des jeunes filles en fleurs est-il fondé sur un malentendu : les lecteurs ont vu dans ce livre de la Normandie, de la mer, de la jeunesse (et dans son titre même, plus pictural que littéraire) le pendant romanesque de l'impressionnisme. Mais, en 1919, le prétendu impressionnisme de Proust est déjà dépassé. Proust n'est ni Zola ni Maupassant. La crudité des lumières, le mouvement des baigneurs sur la plage, le coloris général du texte rappellent la révolution des Ballets russes ; la technique narrative, la façon de décrire Albertine* sous toutes les facettes de son caractère et de son visage, évoquent le cubisme.

Oscar Wilde.

Edgar Degas,
*Le Champ
de courses. Jockeys
amateurs
près d'une voiture*,
1876-1887.
H/t 66 × 81.
Paris,
musée d'Orsay.

Page suivante :
Édouard Manet,
*Le Grand Canal
à Venise*, 1875.
H/t 57 × 48.
Coll part.

■ INVERSION
« Homosexuel est trop germanique et pédant » (Proust)

À l'époque de Proust, l'homosexualité est tenue pour un crime. Des procès défraient la chronique : l'emprisonnement d'Oscar Wilde, l'affaire Eulenbourg. Proust lui-même s'en fait l'écho dans *Sodome* et Gomorrhe*. Les invertis s'avancent masqués : ils invoquent l'amour platonique ou, comme Gide, se fondent dans l'anonymat. Aussi Proust a-t-il caché son inversion à ses parents (du moins l'a-t-il essayé) et a toujours nié être un « efféminé » (voir Duels). Mais il n'en a pas moins fait du sujet l'un des thèmes de son œuvre.
L'inversion, pour Proust, est une maladie et une malédiction : en cela, il se distingue de Gide, qui lui reprochera d'avoir transposé, dans son roman, ses amours homosexuelles en ébats hétérosexuels avec Albertine*. Mais Proust est loin de condamner ce qu'il nomme un « vice ». Dans sa conception, l'inversion remonte à l'hermaphrodisme. Elle est, comme les noms* aristocratiques, comme les cathédrales gothiques, une survivance du passé digne d'être étudiée. Ses ridicules sont ceux de toutes les mœurs. Et si les homosexuels représentent, comme les juifs*, une « race maudite », c'est parce qu'ils ont été, eux aussi, exilés par Dieu (Sodome…), et non pas parce qu'un article de code, ou de morale, ou de catéchisme, les a rendus impurs.

▦ Italie

Le rêve d'Italie est, pour Proust, lié à des lectures (celles de Stendhal et de Ruskin* notamment), mais aussi à la contemplation de gravures, de photographies, d'œuvres d'art, et à des souvenirs sentimentaux de sa jeunesse. Pour ce sédentaire malgré lui, le voyage en Italie représente la première tentation, toujours évoquée comme une récompense attendue, celle qu'il se réserve pour le jour où il aura fini son œuvre.

Il se rend deux fois à Venise, en 1900. Son premier séjour, en avril, avec sa mère et Reynaldo Hahn*, l'enchante tellement qu'il y retourne en octobre – seul ou accompagné ? Les livres de Ruskin sont ses cicérones. « Je partis pour Venise, dit-il, afin d'avoir pu, avant de mourir, approcher, toucher, voir incarnées, en des palais défaillants mais encore debout et roses, les idées de Ruskin sur l'architecture domestique au moyen âge. » Les Bellini et Carpaccio se révèlent à lui dans ces compositions somptueuses qu'il évoquera dans la *Recherche*, comme s'en est inspiré un autre Vénitien, le couturier Fortuny. Enfin, il fait une excursion à Padoue, où il admire les fresques de Giotto et de Mantegna. Il n'ira jamais à Florence ni à Rome, mais ce n'est pas faute de l'avoir désiré, comme on le voit encore dans *Du* côté de chez Swann* ou dans *Le Côté* de Guermantes*, où le projet d'un voyage de Pâques au bord de l'Arno se confond aux rêves de floraisons capiteuses et de jeunes filles…

Dans *Albertine* disparue*, Venise joue un rôle plus tragique, servant de cadre aux promenades solitaires du héros, après la mort* d'Albertine*. Mais, renouvelant l'image morbide de la ville, Proust en fait un lieu d'apaisement et de sensualité : « J'avais l'impression […] de ne pas être dehors, mais d'entrer de plus en plus au fond de quelque chose de secret. »

▦ Je

« Vous pouvez tout raconter, conseille Proust à Gide ; mais à condition de ne jamais dire : *Je*. » Son roman est pourtant un roman du moi, et le *je* y présente cette particularité d'être à la fois sujet d'étude et méthode d'investigation, héros et narrateur*.

Proust n'a cependant pas voulu écrire des Mémoires : « J'ai eu le malheur de commencer un livre par le mot "je" et, aussitôt, on a cru qu'au lieu de chercher à découvrir des lois générales, je "m'analysais" au sens individuel et détestable du mot. » En fait, et paradoxalement, le passage du *il* de *Jean* Santeuil* au *je* de la *Recherche* correspond à un passage de l'autobiographie déguisée en roman* à un roman déguisé en autobiographie, le *je*, plus proche du lecteur, lui permettant seul de s'identifier au narrateur, et donc de faire siennes ces lois que Proust dégage de son expérience. Ainsi le général naît-il d'un trop-plein de particulier.

« Tandis que la gondole pour nous ramener remontait le Grand Canal, nous regardions la file des palais entre lesquels nous passions refléter la lumière et l'heure sur leurs flancs rosés, et changer avec elles. »

Marcel Proust, *Albertine disparue*.

■ JEAN SANTEUIL
La Recherche... sans le temps

« Puis-je appeler ce livre un roman ? » se demande Proust dans un projet de préface à *Jean Santeuil*. « C'est moins peut-être et bien plus, l'essence de ma vie, recueillie sans y rien mêler, dans ces heures de déchirure où elle découle. Ce livre n'a jamais été fait, il a été récolté. » Ainsi, le premier roman* de Proust, hésitant sur son genre, est le livre des épanchements, en même temps qu'une source où son auteur viendra longtemps puiser. Pour le lecteur d'aujourd'hui, la question est différente : *Jean Santeuil* est-il un roman, ou déjà une esquisse de la *Recherche* ? Proust travaille à ce texte de 1895 à 1902, avant de l'abandonner définitivement. Le manuscrit* n'a été publié qu'en 1952, par Bernard de Fallois, puis, en 1971, dans la Pléiade. Les éditeurs* ont agencé ces fragments dans un ordre logique inspiré, c'était inévitable, de la composition de la *Recherche* (mais la conclusion esthétique n'est pas encore formulée). Ainsi suit-on le cheminement de Jean Santeuil, comme on suivra celui du narrateur*, de l'enfance à la jeunesse, au collège, en vacances dans une petite ville qu'il nomme encore Illiers*, en Bretagne, dans son amitié avec Henri de Réveillon, dans sa vie mondaine, dans son enthousiasme pour la cause dreyfusiste*, dans ses amours* torturées.

Sans doute l'existence de *Jean Santeuil* a-t-elle aidé Proust à ne jamais douter de sa vocation, et de la voie qu'elle devait emprunter : il savait de quoi il était capable. Nombreux sont d'ailleurs les pages, les scènes, les thèmes de ce premier roman inachevé qui seront repris et développés dans la *Recherche* : le baiser du soir, les aubépines, la lanterne magique, la ville de garnison, etc. Mais il y manque un personnage essentiel : le Temps.

Thomas Alexander Harrison, *Marine*. H/t 95 × 130. Quimper, musée des Beaux-Arts.

■ Journaux

S'il n'a pas fait carrière dans le journalisme, Proust a souvent écrit dans la presse quotidienne, qui représentait à ses yeux un prolongement des revues* littéraires, tout en lui assurant une audience plus vaste.

Son port d'attache est *Le Figaro*, que dirigent ses amis Gaston Calmette, à qui il dédie *Du* *côté de chez Swann*, puis Robert de Flers, et où paraissent quelques-uns de ses articles les plus importants : ses « Salons », ses pastiches*, « La Mort des cathédrales » (contre la loi de Séparation, en 1904), « Sentiments filiaux d'un parricide », « Journées de lecture », « Impressions de route en automobile », et même, en 1912-1913, les premiers extraits de la *Recherche*. Après la guerre*, Proust réserve sa collaboration à la *NRF**.

Ces articles sont si importants pour Proust que, dans une version de *Contre* *Sainte-Beuve*, le narrateur* en publie un dans *Le Figaro*, dont la lecture doit fournir au volume sa conclusion, par le biais d'une « conversation avec Maman ». De même, dans la *Recherche*, le héros attend (pendant plus de deux mille pages) que ce même quotidien publie l'un des articles qu'il a écrits, et qui lui a révélé le sens de sa vocation.

■ Juifs

La France juive, pamphlet antisémite, paraît en 1886 : Drumont y dénonce le prétendu complot que la « juiverie » – mot alors si répandu que Jaurès lui-même l'emploie – trame contre la Nation. En 1894, Dreyfus* est envoyé à l'île du Diable. Il ne fait pas bon être juif dans la France de la Belle Époque.

Si Mme Proust est juive (voir Maman), Marcel est baptisé, mais il éprouve un sentiment de solidarité avec la religion de sa mère. Ainsi, en 1905, rappelant que « *La Libre Parole* [le journal de Drumont] avait écrit qu'un certain nombre de jeunes juifs entre lesquels M. Marcel Proust, etc. honnissaient Barrès », il explique que, « pour rectifier il aurait fallu dire que je n'étais pas juif et je ne le voulais pas ». Il a, d'autre part, des amis juifs (Daniel Halévy, Robert Dreyfus, Geneviève Straus*...) et a pu voir, au moment de l'Affaire, à quoi conduisent certaines aberrations. Aussi la « question juive » est-elle souvent débattue dans son œuvre : elle l'est dans son temps. Proust s'est toujours rangé du côté des opprimés. Des pages fameuses de *Contre* *Sainte-Beuve* et de *Sodome* *et Gomorrhe* rapprochent la malédiction d'être juif de celle d'être inverti*. Sans doute s'agit-il en plus, pour lui, d'une question personnelle.

Mais le narrateur* n'est pas juif. Aussi Proust a-t-il délégué à d'autres personnages cette part de son identité, sans complaisance, voire avec cruauté (ou masochisme) quand il s'agit de Rachel ou du ridicule et caricatural Bloch, mais avec sympa-

Gaston Calmette.
Photographie
de Nadar, 1889.

*Vitrail allégorique
destiné à la
synagogue
de la rue
de la Victoire.*
Dessin
de Courtet, 1894.

thie et admiration quand il parle de Swann*, l'un des modèles du héros. Il a, aussi, fait des portraits d'antisémites : Morel, qui se fait prêter de l'argent par Nissim Bernard, ou Charlus*, qui accable Bloch avec de sordides outrances verbales, prouvant par là que, comme chez Céline, l'ordure s'accommode volontiers de la prose truculente. Peut-être enfin, dans le tableau assez noir du milieu juif esquissé par Proust, peut-on voir, plus qu'un mouvement de conformisme culturel, un désir de profanation lié à la mère. Le juif, dans la *Recherche*, est l'être qui attire et repousse à la fois, celui que l'on désire mais dont on ne peut accepter la caresse.

■ Madeleine.

Voir Mémoire

■ Maman

Jeanne Proust, née Weil (1849-1905), est le grand amour de Marcel Proust qui, adolescent, confie que la misère, pour lui, c'est « d'être séparé de Maman ». Aussi sa mort est-elle une tragédie dont il ne se remettra jamais. Proust voue en effet à la mère un culte tout catholique, et méprise ceux qui ne le partagent pas : Léautaud ayant écrit des horreurs sur la sienne, il le définit comme « l'être le plus immonde ». Pour Proust, les relations avec la mère sont entachées d'un sentiment de culpabilité qu'il exprime en 1907 dans « Sentiments filiaux d'un parricide » : « "Qu'as-tu fait de moi !" » Si nous voulions y penser, il n'y a peut-être pas une mère vraiment aimante qui ne pourrait, à son dernier jour, souvent bien

Jeanne Proust. Paris, Bibliothèque nationale de France.

« Ma vie a désormais perdu son seul but,
sa seule douceur, son seul amour, sa seule consolation. »
Marcel Proust, lettre à Robert de Montesquiou, septembre 1905.

vant, adresser ce reproche à
on fils. Au fond, nous vieillis-
ons, nous tuons tout ce qui
nous aime par les soucis que
nous lui donnons, par l'inquiète
tendresse elle-même que nous
inspirons et mettons sans cesse
en alarme. »

Mme Proust a une culture, un
esprit vifs, profonds, variés, sensibles, qui complètent et stimulent ceux de son fils, si bien
que, longtemps, il ne conçoit
pas d'écrire sans elle : elle est sa
principale collaboratrice
lorsqu'il traduit Ruskin*, et la
Recherche est née d'une
« conversation avec Maman » à
propos de Sainte*-Beuve.

Dans *Le Temps* perdu*, la mère
du narrateur* est une figure
tutélaire : celle qui donne le baiser du soir, celle qui introduit à
la littérature (en lisant George
Sand). Elle partage cependant
ce rôle avec la grand-mère, avec
laquelle elle finit par se
confondre. Proust a épargné à
son héros ce qui lui avait été si
intolérable : la disparition de ses
parents.

Manuscrit
de la *Recherche*.
Paris,
Bibliothèque
nationale
de France.

■ Manuscrits

Écrire l'histoire de la *Recherche*,
c'est écrire celle des manuscrits
sur lesquels Marcel Proust l'a
composée. Ceux qui nous sont
parvenus forment un vaste ensemble : quatre carnets de notes
que lui a offerts Geneviève
Straus*, soixante-quinze cahiers
d'écolier où il a rédigé ses
esquisses (mais il en aurait fait
brûler d'autres), vingt-sept
volumes de mise au net, vingt-
deux volumes dactylographiés
et autant de volumes d'épreuves
corrigées – sans compter tous
les manuscrits des articles, des
pastiches*, des *Plaisirs* et les
Jours*, de *Jean* Santeuil*, etc. –,
le tout d'une écriture parfois
difficilement lisible, taché de

café et de poudre antiasthma-
tique, car Proust écrivait au lit,
et même pendant ses crises.
La critique génétique* a ainsi
pu s'ébattre dans un champ
quasiment infini. Marcel Proust
se relisait beaucoup, se corri-
geait sans cesse, augmentait
toujours ce qu'il avait écrit,
notant dans un cahier ce qui
devait être inséré dans un autre,
retaillant, dédoublant, dépla-
çant, envahissant les marges.
Aussi en vint-il à ajouter à
ses cahiers ou à ses épreuves des
béquets, désespoir des imprimeurs – ces « paperoles » (voir
Albaret), papiers collés les uns
à la suite des autres, qui
se déroulent sur plusieurs
mètres comme des bandelettes
égyptiennes.
La plupart des manuscrits de
Proust sont conservés au cabinet des Manuscrits de la Bibliothèque nationale de France ;
d'autres se trouvent encore chez
des collectionneurs.

■ MÉMOIRE
L'essence du souvenir

Comment retrouver le temps perdu ? Par la mémoire. Mais, dit Proust, la mémoire de l'intelligence, celle que nous pouvons mobiliser à volonté en puisant dans nos souvenirs conscients, ne nous donne pas une vision profonde de la réalité disparue : elle reste à la superficie du souvenir et ne nous en livre pas l'essence. Pour se replonger dans le temps, il faut attendre ces « souvenirs involontaires » qui, seuls, contiennent notre passé. La mémoire travaille comme la métaphore : elle rapproche deux moments analogues et nous restitue l'un dans

l'autre. Cette découverte, l'une des plus importantes de la *Recherche* (mais déjà esquissée dans *Jean* Santeuil*), est préparée par plusieurs épisodes où le héros, mis en présence d'une impression qu'il ne sait définir, tressaille et se plonge en lui-même : la petite madeleine de Combray en est l'exemple le plus fameux (à tous points de vue). Mais, dans *Le Temps* retrouvé*, le bruit d'une cuillère, le froissement d'une serviette, la reliure d'un livre, les pavés inégaux de la cour de l'hôtel de la princesse de Guermantes*, ressuscitent d'autres moments de la vie du héros, la lecture de George Sand par sa mère (voir Maman) ou Venise*, et le décident à écrire son livre.

Pour étudier l'œuvre de la mémoire, Proust doit d'abord reproduire celle de l'oubli. Ainsi voit-on souvent un personnage de son livre rechercher en lui-même la trace de ce qu'il a aimé, surpris de n'y trouver qu'indifférence : Swann* oublie Odette, le narrateur* sa grand-mère ou Albertine*. Ainsi, le souvenir, heureux ou cruel, vient porter sa lumière dans une zone d'obscurité : cet éblouissement se nomme l'art*.

*« Oui, si le souvenir, grâce à l'oubli,
n'a pu contracter aucun lien, jeter aucun chaînon entre lui
et la minute présente, s'il est resté à sa place, à sa date,
s'il a gardé ses distances, son isolement dans le creux d'une vallée
ou à la pointe d'un sommet, il nous fait tout à coup
respirer un air nouveau, précisément parce que c'est un air
qu'on a respiré autrefois, cet air plus pur que les poètes
ont vainement essayé de faire régner dans le paradis et qui ne pourrait
donner cette sensation profonde de renouvellement
que s'il avait été respiré déjà, car les vrais paradis sont les paradis
qu'on a perdus. »*

Marcel Proust, *Le Temps retrouvé*.

Montesquiou (Robert de)

La silhouette de Robert de Montesquiou (1855-1921) se découpe en ombre chinoise, fine et cambrée, sur le paravent d'un siècle qui s'achève. Poète et aristocrate, amateur et dandy, homosexuel* et nationaliste, hystérique et décadent, cultivant l'art de choyer ses ennemis et celui de malmener ses amis, le descendant de d'Artagnan a publié de beaux textes critiques et des recueils de vers à panache (*Le Chef des odeurs suaves*, *Les Hortensias bleus*, etc.), que Proust a loués dans une correspondance* ambiguë : « Vous vous élevez sur l'incompréhension comme le goéland sur la tempête et vous n'aimeriez pas être privé de cette pression ascendante. »

Le jeune bourgeois, fasciné et amusé par son aîné précieux, se sert de lui pour pénétrer dans les salons* et observer le faubourg Saint-Germain. Il étudie aussi son raffinement, ses colères, son ostentation de bibelot, pour faire de lui, des années plus tard, le modèle principal du baron de Charlus*. Car Montesquiou est un modèle plus qu'un protagoniste. Il a inspiré à Huysmans le Des Esseintes d'*À rebours* et à d'autres – Régnier, Lorrain, Rostand – des personnages dans lesquels l'époque jure l'avoir reconnu. Les peintres, quant à eux, ont aimé sa prestance : Whistler ou Boldini l'ont campé en seigneur farouche, un Greco revu par Brummel…

Mort

Si tout l'édifice de la *Recherche* n'était destiné à engager une lutte de l'art* contre la mort, on pourrait croire que la part qui est réservée à celle-ci y est insi-gnifiante. La mort violente y est inconnue (alors qu'elle hante *Les Plaisirs* et les Jours* ou « Sentiments filiaux d'un parricide ») : ni crimes passionnels ni suicides. On meurt bourgeoisement, de maladie (la grand-mère, Bergotte*, Swann*, la Berma), d'accident (Albertine*), ou bien l'on ne meurt pas du tout (les parents du narrateur*, Françoise*…). Proust avait besoin de faire reparaître la plupart de ses personnages dans le « Bal de tête » du *Temps* retrouvé* : aussi ne pouvait-il tous les éliminer.

Dans sa vie même, Proust, qui côtoie la mort chaque jour (voir Asthme), l'évoque comme un personnage, une femme noire qui lui rend visite et n'est pas belle (« J'avais toujours cru que la mort l'était »). Dans la *Recherche*, il se montre moins intéressé par sa réalisation que par son attente ou par la façon dont elle s'impose à l'esprit. Ainsi la mort de la grand-mère, inoubliable morceau clinique et tragique, montre-t-elle l'œuvre qu'elle accomplit. La mort est un artiste suprême, celui qui donne à nos corps leur dernière attitude, comme le sculpteur d'un gisant, celui qui confère à nos vies leur sens ultime.

Le Comte Robert de Montesquiou (détail) par Giovanni Boldini, 1897. Paris, musée d'Orsay.

Marcel Proust (au centre) avec Antoinette Faure et un camarade non identifié au parc Monceau, mai 1886. Paris, Bibliothèque nationale de France.

Proust sur son lit de mort. Photographie de Man Ray, 1922.

■ Moyen Âge

D'après Jean-Louis Vaudoyer, les « deux grandes prédilections artistiques » de Proust sont la peinture* hollandaise et « la statuaire gothique française ». Ce goût pour l'art du Moyen Âge est constant. De la préface de *La Bible d'Amiens* traduit de Ruskin* aux dessins dont il parsème ses lettres à Reynaldo Hahn* ou ses cahiers d'esquisses (églises, rosaces, prophètes

La Cathédrale de Rouen. Le Portail, soleil matinal. Harmonie bleue, 1894. H/t 91 × 63. Paris, musée d'Orsay.

hiératiques), de son article de 1904 sur « La mort des cathédrales » à ses descriptions d'églises imaginaires dans la *Recherche* (Combray*, Balbec*), il n'a jamais cessé de retourner à une époque dont il ne connaissait pourtant guère la littérature (en dehors, peut-être, de *La Légende dorée* et de *L'Imitation de Jésus-Christ* – mais avait-il seulement lu Dante ?). L'essentiel de son savoir sur la question, Proust le tient de Ruskin ou d'Émile Mâle (un échange de lettres érudites et *L'Art religieux du XIIIe siècle en France*, qui lui sert à inventer bien des métaphores dans son roman). Mais il a parcouru la France pour étudier les grands monuments médiévaux (Beauvais, Laon, Vézelay, Rouen, Jumièges, etc.) et, dès 1904, il peut écrire : « L'œuvre qu'est la cathédrale du moyen âge avec ses milliers de figures peintes ou sculptées, ses chants, ses offices, est la plus noble de toutes celles auxquelles se soit jamais haussé le génie de la France. » Partant, l'art gothique est, dans la *Recherche*, lié aux personnages typiquement français (Françoise* ou les Guermantes*), dont le parler ou le nom* évoquent le vieux temps de Combray, ou aux paysages, aux fleurs* (les aubépines) de la province. On comprend que Proust ait voulu construire son livre « comme une cathédrale ».

■ Musique

De Wagner* à Félix Mayol, Proust a adoré la musique, toute la musique, même la mauvaise, dont il a écrit l'éloge dans *Les Plaisirs* et les Jours* (1896). Il l'aimait tant qu'il supportait de passer une soirée l'oreille collée à un écouteur, pour entendre *Pelléas et Mélisande* au « théâtrophone ». Éclectique, il apprécie à la fois Massenet et les fanfares militaires, le grand opéra et Offenbach, et il sait jouir à la psalmodie des marchands ambulants comme au plainchant. La liste des compositeurs qu'il affectionne est interminable, qui mêle Mozart et Franck, Gounod et Fauré, Schumann et Beethoven, Rameau et Moussorgski, et

peut-être Reynaldo Hahn*, qui a mis en musique des vers de Proust. Seul l'opéra italien le laisse froid, voire narquois : on ne peut tout avoir.

C'est une tradition familiale : Proust connaît la musique, la lit, la commente. Elle est un langage plus subtil, plus émotif, dont il décrit volontiers et longuement l'effet dans la *Recherche*. La musique y est comme une nouvelle mémoire*, extérieure à nous-mêmes, qui contient et rappelle des moments que nous avons vécus. Mme Verdurin* se pâme à Chopin ou à Beethoven, Swann* et Odette* écoutent l'« hymne national » de leur amour, Albertine* se met au pianola, Morel prend son violon, un gondolier de Venise chante *O sole mio* : chaque page est l'occasion de célébrer ce culte, sublimé dans l'œuvre de Vin-

Antoine Watteau. Partition de Reynaldo Hahn.

teuil*. Ce compositeur est en effet l'unique artiste du roman dont l'œuvre semble, d'elle-même, s'extraire du temps, pour parler directement aux personnages le seul langage qu'ils soient en mesure de comprendre, celui de leur cœur meurtri. Aussi Swann, puis le narrateur*, demandent-ils à sa sonate puis à son septuor le courage d'aimer, de ne plus aimer, de créer.

NARRATEUR

Marcel Proust.
Paris,
Bibliothèque
nationale
de France.

■ **NARRATEUR**
« Il y a un monsieur qui raconte et qui dit : Je » (Proust)

La critique a coutume d'appeler « narrateur » le héros de la *Recherche**, celui dont le roman conte l'itinéraire et qui s'y exprime à la première personne, mais qui n'est pas Proust. Sans visage, sans âge (comme le récit qui fait sans cesse surgir le passé dans le présent, la chronologie est quelque peu brouillée), il est également privé d'état civil : on ne peut donc, comme certains, l'appeler Marcel, car lui-même ne le fait que par hypothèse, dans une paradoxale et vertigineuse formule : Albertine* disait « "Mon" ou "Mon chéri", suivis l'un ou l'autre de mon nom de baptême, ce qui, en donnant au narrateur le même prénom qu'à l'auteur de ce livre, eût fait : "Mon Marcel", "Mon chéri Marcel" ». Proust rapproche ainsi le narrateur de lui, tout en le tenant à distance. La première personne grammaticale est donc bien la première personne du roman, sujet et objet d'un texte où les beautés grammaticales, que Proust appréciait tant chez Flaubert*, ne manquent pas. Il n'est pas pour autant dépourvu de personnalité et de psychologie, mais sa qualité principale est précisément de narrer, d'être un regard singulier, rétrospectif, une voix, une mémoire et, en définitive, un texte.

■ Noms

« L'événement (poétique) qui a "lancé" la *Recherche*, écrit Roland Barthes, c'est la découverte des Noms. » Dès les premières esquisses de *Contre* Sainte-Beuve*, Proust place les noms nobles au cœur de la « conversation avec Maman » : c'est la rêverie généalogique, historique et littéraire d'Hésiode à Nerval, qui se poursuit. Il s'agit de confronter les rêves qu'inspire au narrateur le nom de Guermantes* avec la réalité des personnes qui le portent. Enrichi par les images que suggèrent leurs sonorités (ces « correspondances » chères à Baudelaire*), par le prestige que leur confère l'histoire, le Nom devient ainsi synonyme de mystère et de désir, et le roman décrit l'itinéraire du rêveur qui, partant de l'enfance, s'approche peu à peu de la réalité, de l'âge adulte. Mais le nom peut être également celui d'une fleur* ou d'une ville : on connaît les variations de Proust autour des noms de Parme, de Coutances, de Lamballe, de Florence ou de Balbec*.

La jeunesse est « l'âge des noms », où le monde apparaît peuplé de fées qui vivent dans les noms. La réalité chasse la fée de son nom. Le travail de l'écrivain consiste à rétablir le merveilleux au sein de la vie quotidienne. Cette démarche dialectique est bien soulignée par Proust lorsque, en 1913, il songe à publier son roman en trois volumes, respectivement intitulés : *L'Âge des noms, L'Âge des mots, L'Âge des choses*. Ce mouvement se retrouve d'ailleurs dans certains titres de chapitres de la *Recherche** : « Noms de pays : le nom » dans *Swann*, auquel répond « Noms de pays : le pays » dans les *Jeunes Filles*.

■ NRF

Fondée en 1909 par un groupe d'intellectuels de la génération de Proust, parmi lesquels André Gide, Henri Ghéon et Jacques Copeau, la *Nouvelle Revue française*, qui jouera un rôle capital dans la diffusion de la littérature française du XXe siècle, entend rétablir la dignité des lettres, en rompant avec l'académisme ou les décadences, en proposant de revenir à la rigueur, à un classicisme novateur. Dès 1911, la revue s'adjoint un comptoir d'éditions* dont les premiers auteurs s'inspirent des mêmes vertus :

André Gide par Paul Albert Laurens, 1924. H/t 61 × 50. Paris, musée d'Orsay.

« *De même que vous êtes, par la qualité de votre œuvre, au tout premier rang des romanciers d'aujourd'hui, de même il est tout naturel que nous vous placions en tête de tous ceux que nous nous proposons de publier.* »

Lettre de Jacques Rivière à Marcel Proust, 1919.

Paul Claudel, André Gide, Jacques Rivière... Très vite, Proust ambitionne d'entrer dans ce cercle. Mais, avant de l'accueillir à bras ouverts, les éditions de la *NRF* refusent *Du* côté de chez Swann* : Proust ne publie rien dans la revue avant 1913, et doit attendre 1916 pour signer un contrat avec la maison dirigée par Gaston Gallimard. Après la guerre*, sous la direction éclairée de Jacques Rivière, la *NRF* se met au service de Proust. Il lui donnera de nombreux extraits de son œuvre et quelques-uns de ses meilleurs articles : « À propos de Baudelaire* » et « À propos du "style" de Flaubert* ». Ainsi « la revue de Gide » devient-elle aussi la revue de Proust.

■ Odette.

Voir Du côté de chez Swann

■ Onanisme

« Divers indices ou témoignages donnent à penser que l'onanisme est resté, jusqu'à la fin de sa vie, la principale pratique sexuelle de Proust » (Jean-Yves Tadié). À une époque où l'on considérait encore que la masturbation était un péché mortel et pouvait être à l'origine de maux effroyables, de la surdité à l'aliénation mentale, il s'agissait d'une perversion que l'on soignait et combattait. Cette pratique n'est pourtant pas secrète : Proust, adolescent, en parle volontiers dans ses lettres à ses parents, à ses amis*, comme d'une habitude dont il cherche à se débarrasser.

Mais l'écrivain solitaire du début des années 20 devait encore s'adonner à ces plaisirs, si l'on en croit les témoignages de divers personnages qui l'ont vu, après la guerre, fréquenter des établissements particuliers où il se procurait de rares jouissances en massacrant des rats ou en regardant égorger des veaux…

La culpabilité de l'adolescence s'est muée en sadisme de la maturité. Aussi les seules véritables descriptions d'actes sexuels de la *Recherche* sont-elles

liées à l'onanisme, qu'il s'agisse, à Combray*, du petit « cabinet sentant l'iris », des frottements voluptueux avec Gilberte* aux Champs-Élysées, ou même des scènes entre le narrateur* et Albertine*.

■ Oubli. Voir Mémoire

▪ Paris

Né à Auteuil, mort à Paris, Proust n'a quitté la capitale que lors de son service militaire et pour quelques brefs voyages ou villégiatures. Il ne faut donc pas s'étonner si Paris tient la première place dans les endroits qu'évoque son roman, et si

l'index des noms de lieux parisiens cités dans la *Recherche* ressemble à celui d'un plan de la ville. C'est d'abord le faubourg Saint-Germain et des lieux élégants (le bois de Boulogne, les Champs-Élysées, l'Opéra, le Trocadéro), des hôtels (le Ritz*), des cafés ou des restau-

Jean Béraud,
*Le Rendez-vous
des cyclistes
au bois
de Boulogne*,
v. 1900.
H/t 53,5 × 65.
Paris,
musée Carnavalet.

rants (café de la Paix, la Tour d'Argent, la Maison dorée), des cercles. Mais le narrateur s'aventure parfois dans des endroits moins chic, comme le métro (pendant la guerre*), des hôtels borgnes, voire dans des banlieues sans histoire, comme lorsqu'il rend visite à la maîtresse de Saint-Loup dans *Le Côté* de Guermantes.*

On ne peut dire, pour autant, que la *Recherche* soit un roman purement parisien. Par rapport au temps qu'y passe le narrateur*, la province joue même dans son récit un rôle disproportionné : imaginerait-on la *Recherche* sans Combray*, sans Balbec*, sans Doncières – et sans Venise*, seule ville étrangère où séjourne le héros ?

■ PASTICHE
Une purge salutaire

Le don de mimétisme qui a permis à Proust de faire parler chaque personnage de son roman avec son langage propre, Françoise* en naïve paysanne et Norpois en diplomate cauteleux, a été travaillé et approfondi par l'exercice du pastiche. Sa correspondance est pleine de ces morceaux de bravoure où il se glisse dans le style d'un autre, Lemaitre, Hugo, Wagner*, Gautier, Morand ou Cocteau. Dans *Les Plaisirs* et les Jours*, au milieu de pastiches plus ou moins conscients de Baudelaire* ou de La Bruyère, il place « Mondanité et mélomanie de Bouvard et Pécuchet », où les deux compères reprennent leur conversation sur des sujets auxquels n'avait pas songé Flaubert*.

En 1908, il entreprend une série de pastiches publiés dans *Le Figaro* (et repris, en 1919, dans *Pastiches et mélanges*), où il raconte, sous forme d'étourdissants exercices de style, l'affaire Lemoine (un escroc qui prétendait avoir produit des diamants à partir du charbon, comme, en somme, le bon pasticheur) en contrefaisant la voix de différents écrivains : Balzac*, Flaubert, Sainte*-Beuve, Régnier, les Goncourt*, Michelet, Faguet, Renan, Saint*-Simon, Ruskin*, Maeterlinck, Chateaubriand. La mode, il est vrai, est au pastiche : Reboux et Müller viennent de publier leur *À la manière de…*, qui connaît un succès considérable. Mais Proust est mû par d'autres préoccupations. Au seuil de l'œuvre qu'il va écrire (la *Recherche*), il éprouve le besoin de « se purger ». « Pour ce qui concerne l'intoxication flaubertienne, écrit-il, je ne saurais trop recommander aux écrivains la vertu purgative, exorcisante, du pastiche. »

Aussi confie-t-il au pastiche une place particulière dans la *Recherche*. On se rappelle l'importance du long pastiche du *Journal* des Goncourt, dans *Le Temps* retrouvé*. Mais, ici ou là, Proust s'amuse à glisser de discrets pastiches (Mme de Sévigné, Montesquiou* ou Giraudoux) et va parfois jusqu'à… se pasticher lui-même, comme dans la description des glaces par Albertine, dans *La Prisonnière*.

■ Peinture

On a attribué à Proust des talents de peintre qu'il ne possède pas, et l'on a présenté comme des tableaux de lui des toiles qui pouvaient être de n'importe qui : les dessins qu'il griffonne dans ses cahiers ou ses lettres montrent combien il est peu doué pour cela. La peinture, cependant, constitue le cœur d'une réflexion sur l'art* qui a nourri son œuvre. Formé dans la fréquentation assidue du Louvre (sa correspondance* et divers témoignages en font foi), il parle surtout des tableaux qu'il y voit : Chardin, Watteau, Rembrandt ou Léonard de Vinci. Mais il a lu Fromentin et visité la Hollande (en 1902 toutefois) : les « Portraits de peintre » (inspirés des « Phares » de Baudelaire*) des *Plaisirs* et *les Jours* évoquent Cuyp, Potter et Van Dyck (également présents au Louvre), et Swann* écrit sur Vermeer*. Il a lu Ruskin* et visité Venise*, Padoue : les noms de Carpaccio

ou Giotto reviennent volontiers sous sa plume. Il connaît des collectionneurs (Groult, Ephrussi, Straus*…) et n'oublie jamais les œuvres qu'il a admirées chez eux – Turner, Degas, Renoir, Monet (voir Impressionnisme) –, les replaçant dans les collections des Guermantes* ou dans le catalogue d'Elstir*. Il se documente aussi : les gravures et les photographies, que le nar-

Un « chalet de nécessité » sur les Champs-Élysées.

Antoine Watteau,
L'Indifférent,
1717.
H/b 25,5 × 19.
Paris, musée
du Louvre.

Léonard de Vinci,
Saint Jean-Baptiste,
1519.
H/t 69 × 57.
Paris, musée
du Louvre.

rateur* reçoit à Combray* lui ouvrent les portes de galeries infinies. Si Proust n'a jamais vu la vraie Zéphora de Botticelli, qui est au Vatican, il a su l'introduire et la décrire dans « Un amour de Swann », où elle fournit l'exemple de ces métaphores picturales chères à Swann (et à Proust), qui recherche dans les visages des gens qu'il croise des ressemblances avec les personnages des tableaux qu'il aime.

■ Père

Adrien Proust (1834-1903), natif d'Illiers*, est « monté » à Paris pour suivre les études de médecine qu'il a préférées au séminaire. Sa carrière est brillante : docteur en médecine, agrégé, professeur à la faculté de médecine, membre de l'Académie de médecine, inspecteur général des Services sanitaires, il prend part à diverses conférences internationales. Spécialiste des questions d'hygiène, il est chargé par le gouvernement de missions en Orient, où il étudie l'avancée du choléra. Il est l'auteur de plusieurs ouvrages sur la peste, le choléra, l'« hygiène du neurasthénique ». Tout oppose le père et le fils : Adrien est positiviste, sanguin, républicain, antidreyfusard, quand Marcel est artiste, asthmatique*, mondain et dreyfusiste*. Mais, si l'on a longtemps considéré que le père n'avait pas compris le fils (il lui promettait cependant l'Académie française), et que le fils n'avait pas aimé le père, on a oublié la dédicace affectueuse de *La Bible d'Amiens* alors que Proust n'a jamais rien dédié à sa mère (voir Maman), et on a pris l'inexistence de leur correspondance* pour l'indifférence. On ne trouve pas un mot dans les lettres ou dans l'œuvre de Proust qui mette en cause la figure du père – sauf, peut-être, celle de Vinteuil* –, quand celle de la mère est si souvent profanée. Si le père du narrateur* a un rôle plus modeste que sa mère, les médecins auxquels Adrien Proust a pu prêter des traits de sa personnalité dans la *Recherche* (Cottard, Du Boulbon), montrent combien Marcel a, tout de même, appris auprès de lui.

Adrien Proust. Photographie de Nadar. Paris, Bibliothèque nationale de France.

■ Phrases

L'opinion commune veut que Proust soit illisible à cause de la longueur de ses phrases. Mais qu'il soit capable de phrases de mille cinq cents mots ne lui interdit pas d'en faire de plus brèves. Il ne s'en prive pas, jouant sur tout le clavier du style. Pourquoi déplorer cette variété ? Lui-même s'expliquait : « Je suis bien obligé de tisser ces longues soies comme je les file, et si j'abrégeais mes phrases, cela ferait des petits morceaux de phrases, pas des phrases. » Cependant, les études stylistiques ont apporté un autre point de vue. Étiemble a remarqué que la phrase de Descartes « compte en moyenne plus de subordonnées » que celle de Proust. De son côté, Jean Milly, qui a consacré un ouvrage à la question, constate, calculs à l'appui, que, si la phrase de Proust est en moyenne deux fois plus longue que celle de Gide, elle ne l'est pas plus que celle de Rousseau, à qui l'on ne songerait pas à adresser ce reproche. L'outil qu'a forgé Proust (en s'inspirant, d'ailleurs, des périodes de Saint*-Simon ou de Ruskin*) est idéalement adapté à la marche de sa pensée, à sa volonté d'épuiser le réel par petites touches, par lents contournements, par scrupules de précision, par éliminations d'hypothèses successives. Plus qu'une longue phrase, c'est une longue pensée, une pensée s'appliquant longuement au même objet, voulant en capter et en restituer toutes les facettes.

« *Un tableau est une sorte d'apparition d'un coin d'un monde mystérieux dont nous connaissons quelques autres fragments, qui sont les toiles du même artiste* […]. *Voyez l'ardeur que le peintre met à peindre sa toile et dites si l'araignée en met plus à tisser la sienne.* »

Marcel Proust
Notes sur le monde mystérieux de Gustave Moreau

PLAISIRS

Illustration
de Madeleine
Lemaire pour *Les
Plaisirs et les Jours*,
Calmann-Lévy,
1896. Paris,
Bibliothèque
nationale
de France.

■ PLAISIRS ET LES JOURS (LES)
Une « atmosphère de serre chaude » (A. France)

Recueil de prose et de vers, de pastiches* et de récits, luxueusement imprimé, avec des illustrations de Madeleine Lemaire, des partitions de Reynaldo Hahn* et une préface d'Anatole France*, *Les Plaisirs et les Jours* (Calmann-Lévy, 1896) est le premier livre de Proust, le seul qu'il ait publié avant *Du* côté de chez Swann*.

Les textes les plus intéressants sont les nouvelles. Proust y esquisse une dialectique de la culpabilité, du crime et du châtiment, à travers des histoires où des êtres fantomatiques, aux noms* invraisemblables, luttent contre leur secret : adultère, homosexualité*, passion coupable, snobisme*, veulerie métaphysique, comme dans « La mort de Baldassare Silvande », « Violante ou la Mondanité », « La confession d'une jeune fille », « La fin de la jalousie », etc.

Comment assembler tous ces essais sous une même couverture ? La disparité est le charme du livre, sa seule unité (en dehors de celle que lui concède, rétrospectivement, le lecteur de la *Recherche*, qui reconnaît dans cet ouvrage de jeunesse les thèmes qui seront approfondis dans le chef-d'œuvre de la maturité, et celle due à un style brillant pour lequel l'écrivain éprouvera toujours quelque nostalgie). Proust, qui a publié nombre de ces textes dans *Le Banquet* ou dans la *Revue blanche*, veut reproduire dans son livre le fouillis d'une revue d'art : cette apparence de bibelot, de livre chic à poser sur un guéridon, n'incite guère à lire le texte, et, dans un premier temps, l'ouvrage ne rayonne guère en dehors du cercle des proches de l'auteur, auxquels il l'offre. Son accueil n'est pourtant pas mauvais : Léon Blum et Charles Maurras le louent également. Jean Lorrain l'attaque méchamment : ce sera l'occasion d'un de ces duels* dont Proust raffole.

Jean Veber,
*Jean Jaurès
à la tribune*,
1903.
H/t 61 × 73.
Paris,
musée Carnavalet.

■ Politique

Proust se disait membre du « grand parti conservateur libéral intelligent », trop intelligent pour être entièrement conservateur et assez généreux pour n'être pas libéral. « Orléaniste républicain », il s'enthousiasme un temps pour le général Boulanger : mais c'est le mouvement de foule autour du personnage, plus que son nationalisme, qui le séduit. Accusé en 1919, au moment du prix* Goncourt, d'avoir été couronné par l'extrême droite, il déclare, à propos de Léon Daudet*, maître d'œuvre de sa consécra-

tion et polémiste de *L'Action française* : « Je n'aimerais pas choisir le moment où Léon Daudet vient d'être tellement bon à mon égard, pour déclarer que le seul parti où j'aie à un moment figuré est justement le parti adverse. »

Son dreyfusisme ardent, son rejet du Parti de l'intelligence après la guerre*, une certaine admiration pour Jaurès politique (dans *Jean* Santeuil*), positions tempérées d'un mépris certain pour Jaurès orateur, par la condamnation de la loi de séparation des Églises et de l'État, ou du pacifisme de Romain Rolland, par l'horreur ressentie face à la révolution russe, permettent de penser qu'il professait des idées républicaines, sans esprit sectaire, et que, comme en littérature, il se déterminait en fonction de critères davantage esthétiques que moraux (sauf au moment de l'affaire Dreyfus*). Jacques Rivière a pu écrire à propos de leur première rencontre en 1919 : « Nous causâmes de politique. Il était de tendance très gauche, mais n'avait évidemment jamais réfléchi à la question d'une façon systématique et objective. »

■ PRISONNIÈRE (LA)

« *Le bord bleu de la robe ajoutait à son visage une beauté, une illumination, un ciel sans lesquels elle m'eût semblé plus dure.* »

Paul César Helleu, *Nu au canapé*, 1904.
Pointe sèche en couleurs, 31 × 41. Coll. part.

Premier des trois volumes posthumes de la *Recherche*, *La Prisonnière* paraît en 1923. Le texte, initialement révisé (voire réécrit) par Jacques Rivière et Robert Proust, suit aujourd'hui manuscrits* et dactylographies corrigés par l'auteur, et ne peut éviter de reproduire certaines incohérences de l'œuvre inachevée : ainsi, Cottard et Bergotte*, morts, réapparaissent. C'est le cœur de l'épisode d'Albertine*, développé après la mort d'Agostinelli*, préparé par *À* l'ombre des jeunes filles en fleurs et *Sodome* et Gomorrhe. C'est, enfin, l'exposé détaillé jusqu'au cauchemar

des théories de Proust sur l'amour*, qui s'achève sur le départ inopiné de la jeune fille.

Structuré en cinq journées (voir Chambre), le roman montre comment le héros, ayant installé chez lui Albertine qu'il veut épouser, se lance dans une folle quête de la vérité, en vient à torturer celle qu'il n'aime plus et qu'il soupçonne de le tromper : son angoisse se cristallise autour du moindre indice, un mot entendu des années auparavant, une scène qu'il croyait oubliée, un regard, une absence. Bien des fils tissés dans la *Recherche* se nouent dans ce huis clos : le saphisme, présent dès « Combray », la jalousie, déjà analysée dans « Un amour de Swann », l'impossibilité de connaître l'autre, l'art* comme refuge (les nouveaux accents d'un septuor de Vinteuil* sont « l'exemple unique de ce qu'aurait pu être […] la communication des âmes »). On y lit aussi, quoi qu'on en dise, une belle étude de femme, où l'élégance (ce thème, symbolisé ici par les étoffes vénitiennes du couturier Fortuny, court dans toute la *Recherche*) s'entrelace aux minauderies de la sensualité et aux jeux brillants de l'esprit.

■ Prix Goncourt

Le 10 décembre 1919, *À l'ombre des jeunes filles en fleurs* se voit attribuer le prix Goncourt. Ainsi s'élargit d'un coup le cercle de ses lecteurs, cependant que Proust entre de plain-pied dans la mêlée littéraire. Avant même le couronnement de son roman, certains journaux s'emploient en effet à dénigrer et le livre et l'auteur. Celui-ci est trop long, celui-là n'est pas assez jeune. « Place aux vieux ! » titre *L'Humanité*.

Mais, surtout, Proust n'a pas fait la guerre*. Pendant toute la durée des hostilités, le prix n'a été remis qu'à des écrivains soldats : Barbusse, mais aussi Adrien Bertrand ou Henry Malherbe. En 1919, il paraît logique que le meilleur d'entre eux, Roland Dorgelès, soit récompensé à son tour pour ses *Croix de bois* (qui obtiendront quatre des dix voix et un succès commercial supérieur à celui du roman de Proust). Sans doute le jury préfère-t-il « démobiliser » les esprits et revenir aux travaux de la paix. Les *Jeunes Filles* arrivent donc à point nommé, après tous ces jeunes hommes…

Parmi les reproches qu'on adressa à Proust, les plus absurdes ne furent pas les moins répandus : c'était un « embusqué », il avait soudoyé le jury avec des havanes, on payait ses services d'« élément réactionnaire » (lui qui avait été dreyfusard*), on récompensait son « arrivisme », « fruit du croisement des races chrétiennes et israélites » (Montesquiou*). Aujourd'hui, la mention « prix Goncourt » n'est plus imprimée par les éditeurs* sur la couverture du roman…

■ Progrès

Se tourner vers son passé n'interdit pas d'apprécier les inventions du présent : Proust n'a pas caché son goût pour le progrès. Friand d'automobiles et d'automobilistes, abonné au théâtrophone, projetant d'offrir un avion à Agostinelli*, il aime que ses amis* apprécient la vitesse, tels Morand ou Rivière. Aussi la *Recherche* offre-t-elle souvent un aspect futuriste. Les découvertes techniques sont à l'origine de scènes entières : « téléphonage » du héros à sa grand-mère, Albertine* jouant du pianola, souvenir de la grand-mère en regardant une photographie, promenades en automobile, avion surgissant et faisant cabrer le cheval du narrateur*, etc. Souvent, elles sont l'occasion de métaphores religieuses ou mythologiques qui confèrent, avec humour, un prestige d'antiquité à ce qui est du dernier cri.

Ces inventions tendent à accroître la vitesse, à réduire les délais, à contracter et à archiver l'instant, motifs importants pour un romancier du temps et de la mémoire*. Proust se sert d'ailleurs d'elles (la découverte des rayons X ou de l'aspirine) pour dater son récit. Si elles nous semblent aujourd'hui désuètes, il faut les remplacer mentalement par de plus récentes afin de comprendre la modernité de Proust : il parlerait à présent d'Internet et de CD-Rom. Enfin, cet intérêt pour le progrès technique soulève un écho dans le domaine esthétique : « Je crois que la Beauté, ou plutôt les beautés, comme les vérités de la Science, ne se fabriquent pas, mais se découvrent. »

Henri Farman
dans un biplan
Voisin,
Issy-les-Moulineaux,
13 janvier 1908.

Sarah Bernhardt
dans *Phèdre*
de Racine.
Photographie
par Nadar.

■ **Racine**

Racine est un des écrivains que Proust a le plus fidèlement aimés : il admire chez lui, comme chez Flaubert*, des « beautés grammaticales », « ces tours de langage familiers jusqu'à la singularité et jusqu'à l'audace ». Il prise ce charme de la surprise, des libertés qu'on prend avec la langue, pour l'enrichir et la plier à une vision originale. On lit déjà dans une dissertation du jeune Marcel : « Aimer passionnément Racine ce sera simplement aimer la plus profonde, la plus tendre, la plus douloureuse, la plus sincère intuition de tant de vies charmantes et martyrisées, comme aimer passionnément Corneille, ce serait aimer dans toute son intègre beauté, dans sa fierté inaltérable, la plus haute réalisation d'un idéal héroïque. » Les personnages de la *Recherche* ne pratiquent guère ces vertus, pré-férant des passions plus noires… Aussi les amours du narrateur* seront-elles toujours liées à Racine : Gilberte*, la duchesse de Guermantes*, Albertine*.

Les références à Racine sont nombreuses dans le roman : Bergotte* a publié une plaquette sur lui, les jeunes filles rédigent des compositions françaises sur des sujets absurdes (« Lettre de Sophocle à Racine pour le consoler de l'échec d'*Athalie* »), les citations émaillent le texte, le narrateur* est comparé à Assuérus, Albertine à Esther… Surtout, Racine est synonyme de théâtre*, et l'on sait l'importance que Proust attribue à *Phèdre* dans la formation esthétique du héros. Le jeu de la Berma, dans les *Jeunes Filles*, l'introduit aux tortures de l'esprit critique, qui cherche, en dehors de lui-même, les critères du goût et du plaisir.

■ RÉCEPTION
« Souvenez-vous de ce nom et de ce titre »
(Lucio D'Ambra, 1913)

À sa parution, l'œuvre de Proust n'est pas passée inaperçue : dans le numéro d'hommage que la *NRF** lui consacre en janvier 1923, les meilleurs écrivains du temps se sont rassemblés pour commenter un livre dont les trois derniers volumes n'ont pas encore paru, pour célébrer un écrivain mort à 51 ans : Barrès et Soupault y côtoient Valéry et Gide. Après le bon – quoique discret – accueil des *Plaisirs* et les Jours* ou des traductions* de Ruskin*, et en dehors de quelques incompréhensions chroniques (le flot d'injures, au moment du prix* Goncourt), chaque tome de la *Recherche* est l'objet de commentaires plus ou moins bienveillants. Tous signalent la singularité de l'œuvre. Certains articles sont rédigés par des amis* de Proust qui, attentif à sa gloire, leur dicte parfois la copie : Cocteau, Lucien Daudet* ou Martin-Chauffier. D'autres, comme Jacques Rivière, entreprennent d'étudier

son œuvre avec rigueur et amour, à la lumière de théories modernes (freudisme). D'autres encore font preuve d'une douloureuse indépendance, telle Rachilde qui n'apprécie pas le « soporifique » *Du* côté de chez Swann*, tel Aragon qui voit en Proust un « snob laborieux ». Ce sont d'ailleurs les deux reproches principaux qu'on lui adresse. Après sa mort, et malgré un purgatoire d'une vingtaine d'années, aggravé par les autodafés de l'occupation nazie, Proust a pris dans le cœur de la critique la place qui est encore la sienne : la première.

Lucien Daudet, qui publia un article dans *Le Figaro*, du 27 novembre 1913, sur *Du côté de chez Swann*.

■ Recherche.
Voir À la recherche du temps perdu

■ Revues littéraires

L'histoire culturelle de la fin du XIXe siècle et du début du XXe se confond avec celle des revues qui exercent alors leur magistère, indiquant la direction du goût et de la pensée : du *Mercure de France* à *La Révolution surréaliste*, de *La Plume* aux *Cahiers de la quinzaine*. La correspondance de Rivière et d'Alain-Fournier montre avec quelle ardeur les deux amis commentent chaque livraison de *Vers et prose*. Ce mouvement,

Page de titre de la revue *Le Lundi*.

Pierre Loti
dans le salon turc
de sa maison
à Rochefort.

qui va aboutir à l'apothéose de
la *NRF**, ne laisse pas Proust
indifférent. À Condorcet, déjà,
il fonde quelques-unes de ces
revues de lycée polycopiées qui
ont une existence de comètes.
Le Lundi, *La Revue verte*, *La
Revue lilas* se succèdent,
brillantes et éphémères : les couleurs sont celles de la couverture. En 1891, il est l'un des
deux ou trois collaborateurs du
Mensuel, puis, en 1892, avec
plusieurs camarades, il fonde *Le
Banquet*, revue qui se veut
« anarchiste » et qui, en vérité,
ouvre son éventail de Nietzsche
à Ibsen. *Le Banquet* est bientôt
absorbé par la *Revue blanche*, où
paraissent des textes de
Mallarmé, de Verlaine, des illustrations de Vuillard, de
Bonnard, et où Proust publie de
nombreuses études dont le
fameux *Contre l'obscurité* (voir
Symbolisme). Mais c'est la *NRF*
qui, l'accueillant dès 1913, lui
offrira après la guerre* la tribune
d'où rayonnera son œuvre.

▧ Ritz (Hôtel)

Inauguré le 1er juin 1898, place
Vendôme, l'hôtel Ritz – du
nom de son créateur et directeur
César Ritz – est le plus luxueux
palace de Paris, le plus moderne
aussi par ses équipements
(l'électricité à tous les étages). Il
est fréquenté par des visiteurs
prestigieux, souverains, princes,
ministres, financiers, célébrités,
qui apprécient le décor, le
confort, la cuisine raffinée qu'on
sert au restaurant. C'est pendant
la guerre* que Proust prend
l'habitude de s'y rendre pour
souper, tard dans la soirée, d'y
inviter ou d'y retrouver ses
amis*, notamment la princesse
Soutzo, future épouse de
Morand, qui s'y est installée à
l'année, Cocteau ou la princesse
Murat. Le Ritz devient, à son

usage, un observatoire, une
sorte d'encyclopédie sociale et
historique. De ce quartier général, Proust enquête auprès des
serveurs, des chasseurs et des
maîtres d'hôtel, qu'il amadoue
par des pourboires généreux et
questionne sur les habitués des
lieux. Ainsi, parmi le nombreux
personnel, Dabescat, Wixler le
renseignent. Vanelli l'attire.
Henri Rochat devient son secrétaire. Il admire aussi, des
fenêtres, Paris en guerre, les zep-
pelins, la débandade parmi les
clients de l'hôtel lorsque les
bombardements se rapprochent.
Il organise des concerts particuliers où jouent Fauré, Risler, le
quatuor Poulet. Dans la
Recherche, le faste de l'hôtel est
symbolisé par ces glaces monu-
mentales qu'Albertine* décrit
avec une érudite gourmandise.

■ ROMAN
La poussée des Russes, la vitalité des Anglais

Le XIXᵉ siècle, a-t-on dit, est le siècle du roman. Mais après les débauches des Balzac*, Hugo, Dumas, le genre devient suspect. Les naturalistes (Zola, les Goncourt*, Daudet*, Huysmans) ont trop usé la corde, les décadents (Barrès, Lorrain) l'ont raccrochée pour s'y pendre, d'autres encore, exigeants et isolés, en ont ligoté leurs systèmes rigides : Bourget, Anatole France*. Seul Loti paraît encore libre. Le roman n'a plus droit de cité en France. Les symbolistes* le bannissent, les parnassiens l'exilent, Gide et ses amis de la *NRF** lui préfèrent la note, la « sotie », le poème, Valéry le tourne en dérision, et les surréalistes, bientôt, l'immolent. Quand Proust entreprend d'écrire la *Recherche*, le roman est presque devenu un genre mineur. Aussi, c'est d'abord par un double voyage, vers le passé et vers l'étranger, qu'il renoue avec une tradition décatie.

Les auteurs dont il prend la défense contre Sainte*-Beuve sont pour la plupart des romanciers – Balzac, Stendhal, Flaubert* –, et il est significatif qu'avant d'oser aborder le roman, il ait voulu écrire un tel essai. En même temps, il lit les romanciers étrangers, dont la vitalité l'enthousiasme : les Russes (Dostoïevski, Tolstoï), et surtout les Anglais (Thomas Hardy, George Eliot).

Mêlant des éléments issus de ces diverses origines, modifiant le point de vue, réinventant le statut du personnage, jouant avec la durée, le langage, la psychologie, la *Recherche* est ainsi le roman vaste et ondoyant qui pouvait englober un monde et ranimer un genre : ne s'interdisant rien, expérimentant sans cesse, dans l'armature souple et solide d'une « composition sévère ».

John Ruskin,
Brantwood,
mai 1894.
Paris,
Bibliothèque
nationale
de France.

■ Ruskin (John)

John Ruskin (1819-1900) n'est
plus guère connu aujourd'hui,
en France, que pour avoir été
traduit* par Proust. Sa gloire,
pourtant, est très grande à la fin
du siècle dernier : on le lit, on
s'inspire de sa pensée, on le
range aux côtés de « directeurs
de conscience » tels que
Nietzsche, Tolstoï ou Ibsen, il
dicte le goût à plusieurs généra-
tions. Son activité est multiple :
peintre et graveur, il est l'ami
des préraphaélites, qu'il défen-
dra ; voyageur et historien de
l'art, il écrit des guides touris-
tiques érudits, animés d'une
vision puissante et originale (*La
Bible d'Amiens*, *Les Pierres de
Venise*, *Le Repos de Saint-Marc*,
Matinées florentines). Critique
d'art, il admire Turner (*Les
Peintres modernes*), éreinte
Whistler, redécouvre Botticelli
ou Carpaccio. Philosophe
social, philanthrope, ami de
Carlyle, il fonde des biblio-
thèques populaires et milite
en faveur de la lecture (*Sésame
et les lys*).

Proust choisit son Ruskin. S'il
traduit *Sésame*, c'est l'historien
de l'art qu'il préfère, qu'il commente et critique. À son admiration initiale, qui s'exprime
dans plusieurs articles, se substi-
tue bientôt une distance pleine
de réserves. Il lui reproche une
certaine idolâtrie, un dilettan-
tisme qui lui fait subordonner
la vérité et le sentiment moral
au sentiment esthétique. Son
influence n'en est pas moins
considérable : Proust lui rend
d'ailleurs hommage dans *Albertine* disparue où le narrateur*
fait « un travail sur Ruskin ».

■ Sainte-Beuve.

Voir Contre Sainte-Beuve

■ Saint-Simon

Bien qu'il proteste toujours
lorsqu'un critique dit qu'il écrit
des Mémoires, Proust aime les
mémorialistes : Chateaubriand,
Mme de Boigne, ou cette
Mme de Beausergent, auteur
imaginaire que lit, dans la
Recherche, la grand-mère du
narrateur*. Le duc de Saint

Simon (1675-1755), bien sûr, le premier d'entre eux, est de ses écrivains favoris : il connaît par cœur des pages des *Mémoires*, qu'il cite abondamment dans son roman. À l'admiration se mêle un mouvement d'émulation : écrire, « en les oubliant », « les *Mémoires* de Saint-Simon d'une autre époque », voilà un projet que, à la fin du *Temps* retrouvé*, le narrateur ne rejette pas.

Comme chez Racine* ou Flaubert*, Proust recherche chez Saint-Simon des perles de style qu'il recueille et fait chatoyer, ensuite, dans un pastiche* : « Fête chez Montesquiou à Neuilly (Extrait des *Mémoires* du duc de Saint-Simon) » est publié en 1904, retouché et augmenté pendant la guerre*, puis repris dans *Pastiches et mélanges* en 1919. Mais le mémorialiste l'intéresse également par ses anecdotes, par son attention aux détails d'étiquette de la cour, par son évocation des ancêtres de ceux que Proust rencontre dans le faubourg Saint-Germain – dans la *Recherche*, les meilleurs connaisseurs de ce milieu sont d'ailleurs deux lecteurs assidus de Saint-Simon, Swann* et Charlus*.

■ Salons

Pour brillante que soit la conversation d'une Geneviève Straus* et élégante la société d'une comtesse Greffulhe, on aurait tort de surestimer l'importance des salons aristocratiques et littéraires au temps de Proust : voilà longtemps qu'ont disparu Mme de La Fayette ou la marquise de Sablé,

Charles Giraud, *Le Salon de la princesse Mathilde, rue de Courcelles*, 1859. H/t 63 × 100. Musée national du château de Compiègne.

Mme d'Épinay ou Mme Tallien. Le salon n'est plus qu'une survivance d'un temps révolu, et le rôle que lui accorde Proust dans la *Recherche* (salons de Mme Verdurin, de Mme de Villeparisis, de Mme de Guermantes*, d'Odette, etc.) a la hauteur d'une butte-témoin.

Proust, nostalgique, joue avec des modèles littéraires, les salons romanesques de Balzac* ou de Stendhal. Mais sa référence la plus certaine est Sainte*-Beuve qui, dans ses articles sur Mme Geoffrin, Mme Récamier ou Mme de Boigne, n'a su établir ce qui distinguait leurs salons les uns des autres, si bien que « la principale vérité qui, à l'insu de l'auteur, ressort de ses études, c'est le néant de la vie de salon ». Dans la série de « Salons parisiens » que Proust publie dans *Le Figaro* en 1903-1904 et qui évoquent la princesse Mathilde, Madeleine Lemaire ou la princesse de Polignac, il faut le voir relever un défi : il tente de pénétrer le mystère de l'aristocratie – si mystère il y a – en égrenant des listes d'invités, en parcourant des généalogies, en décrivant des toilettes, en citant des mots.

Marcel Proust
chez les Brancovan
à Amphion, 1899.
Debout :
le prince Edmond
de Polignac,
Mme Bartholoni,
Marcel Proust,
le prince Constantin
de Brancovan, Mlle
Jeanne Bartholoni,
Léon Delafosse.
Au 2e rang :
Mme de Monteynard,
la princesse
de Polignac,
la comtesse
Anna de Noailles.
Au 1er rang :
la princesse
Alexandra de
Caraman-Chimay,
Abel Hermant.

en comblant le néant par son style et son émerveillement – ce sont les gammes du romancier du *Côté* de Guermantes*.

Snobisme

Proust ne condamne pas le snobisme, il blâme les romanciers snobs. La place que tient ce vice dans son œuvre est celle d'une illusion née dans l'enfance, à l'âge des noms*, portée sur les ailes de la magie qui peuple l'univers de fées. Être snob, c'est vouloir approcher ces fées, non pas en mondain blasé, mais en enfant émerveillé. « Comment, écrit-il à Paul Souday,

sachant probablement que j'ai toute ma vie connu des duchesses de Guermantes, n'avez-vous pas compris l'effort qu'il m'avait fallu faire pour me mettre à la place de quelqu'un qui n'en connaîtrait pas et souhaiterait d'en connaître ? Là comme pour le rêve […], j'ai tâché de voir les choses par le dedans, d'étudier l'imagination. Les romanciers snobs, ce sont ceux qui, du dehors, peignent ironiquement le snobisme qu'ils pratiquent. » Aussi les snobs, les ironiques (Bloch ou Legrandin) y sont-ils campés sans indulgence.

■ SODOME ET GOMORRHE

Inspiré par le vers de Vigny que Proust cite en épigraphe (« La femme aura Gomorrhe et l'homme aura Sodome »), *Sodome et Gomorrhe* est le livre des « hommes-femmes », « descendants de ceux […] qui furent épargnés par le feu du ciel ». C'est sans doute le volume où la polyphonie proustienne est la plus riche : il reprend et développe, peu ou prou, tous les thèmes déjà abordés. L'étude des mœurs homosexuelles* et, plus largement, des processus de cristallisation amoureuse, s'y mêle en effet au tableau de l'aristocratie, suite et fin de la traversée des salons* commencée dans le *Côté* de *Guermantes*, et au récit du retour d'Albertine*, sur fond marin, dans le Balbec* d'*À* *l'ombre des jeunes filles en fleurs*, en préparation de *La Prisonnière*. On y lit aussi de belles pages sur les « intermittences du cœur », sur le deuil et l'oubli* qui suivent la mort de la grand-mère. On y retrouve même les Verdurin*, recevant le « clan » dans la maison qu'ils louent en Normandie, la Raspelière. C'est cependant le volume « scandaleux » dont Proust craignait qu'il n'effraie ses lecteurs : après cela, Claudel qualifiera Proust de « Juif sodomite ». Le baron de Charlus* est le principal personnage de cette comédie et révèle sa véritable nature de « tante » dans ses rapports ambigus avec Jupien ou Morel, le violoniste qu'il protège. Mais, au-delà, c'est tout le roman qui prend une nouvelle coloration : il semble que chaque personnage y dévoile son homosexualité – et, dans *Albertine *disparue*, Saint-Loup lui-même, pourtant image de la virilité… Placé sous ce signe, la « reprise d'intimité » du héros avec Albertine ne peut qu'annoncer les drames à venir. Dans la répartition des titres du roman, en effet, *Sodome et Gomorrhe* englobe également *La Prisonnière* et *Albertine disparue*, qui sont présentés comme des sous-parties (*Sodome et Gomorrhe* III et IV) d'un ensemble plus vaste, le plus étendu de la *Recherche*.

Les censeurs ont eu raison de s'effaroucher : *Sodome et Gomorrhe* est une encyclopédie du vice sous toutes ses formes. Mais Proust ne se contente pas de l'inventaire, et va même au-delà de l'explication des mécanismes psychologiques des réprouvés qu'il dépeint. En plaçant le vice au cœur de son roman, dans un tableau si noir qu'il paraît comme une page de Dante, il se flagelle lui-même, sans repentir, mais avec volupté.

« Tellement distrait dans le monde
que je n'appris que le surlendemain,
par les journaux, qu'un orchestre tchèque avait joué
toute la soirée et que, de minute en minute,
s'étaient succédé les feux de Bengale, je retrouvai
quelque faculté d'attention à la pensée d'aller voir
le célèbre Jet d'eau *d'Hubert Robert. »*

Marcel Proust, *Sodome et Gomorrhe*.

Hubert Robert, *Vue d'un parc, le jet d'eau* (détail), 1783. H/t 168 × 59,5. Paris, musée du Louvre

Sommeil

Dès la première page de *Du** *côté de chez Swann*, le narrateur* évoque le moment où il s'endort. La *Recherche* ne serait-elle qu'un songe ? « On ne peut bien décrire la vie des hommes, écrit Proust, si on ne la fait baigner dans le sommeil où elle plonge et qui, nuit après nuit, la contourne comme une presqu'île est cernée par la mer. » Ce livre écrit par un insomniaque est donc la célébration du sommeil, de cet autre monde où nous plongeons, de cet univers distinct de celui où nous vivons, mais dont l'influence sur nos heures d'éveil est incommensurable (voir Chambre). Ainsi Proust raconte-t-il plusieurs rêves parfaitement « pathologiques », qu'il n'explique pas, mais qui modifient le comportement de Swann*, du narrateur. Après Nerval, avant Freud, cette attention aux phénomènes oniriques est remarquable.

Proust a connu tous les sommeils ; il les classe comme des fleurs dans un herbier : sommeil du bromidia (dans *Les Plaisirs* et les Jours*) ou des drogues qu'il expérimente, sommeil de l'enfant apaisé par le baiser maternel, sommeil d'Albertine* dans lequel le héros aimerait tant s'introduire pour percer à jour ses secrets, sommeil bienheureux du narrateur à Doncières, sommeil facilitant la résurgence des souvenirs…

Le sommeil est bien le meilleur allié du romancier, puisqu'il ignore la loi du temps : comme Schéhérazade dans *Les Mille et Une Nuits*, c'est avant de dormir que Proust élabore son récit. Sommeil et littérature sont ainsi liés à jamais : la lecture est « magique comme un profond sommeil ».

Marcel Proust, Louis Ganderax, Geneviève Straus, Louis de la Salle et des amis, v. 1893. Paris, Bibliothèque nationale de France.

Straus (Geneviève)

Fille du compositeur Fromental Halévy (auteur de *La Juive*, opéra cher à Proust), veuve de Georges Bizet, ayant épousé en secondes noces l'avocat de Rothschild, Émile Straus, Geneviève Straus (1849-1926) reçoit dans son salon* Degas, Haas ou Bourget. Proust lui voue d'abord une passion d'autant plus suspecte qu'elle est importunément déclarée que la dame a l'âge de sa mère et que son fils, Jacques Bizet, l'intéresse également. Éconduit, il se contente d'être son ami* e

son admirateur : il lui rend ainsi hommage dans la *Recherche*, où il place dans la bouche de la duchesse de Guermantes* quelques-uns des mots qui avaient établi sa réputation de femme spirituelle, mais aussi dans ses « Salons parisiens », dans son pastiche* de Saint*-Simon, où il présente sa figure « restée charmante » et assure qu'« on ferait un volume si l'on rapportait tout ce qui a été dit par elle et qui vaut de n'être pas oublié ».

Leur correspondance* montre une troublante communauté de tempérament, faite de tendresse et de complicité, qu'avivent une même forme d'esprit et l'expérience partagée de la maladie (Geneviève Straus est neurasthénique).

◼ Swann

Brillant causeur, amateur cultivé, ami des princes et des artistes, Charles Swann est l'un des rares juifs* acceptés dans le faubourg Saint-Germain (à l'instar de Charles Haas, son modèle). Proust, cependant, n'en fait pas un type (comme Balzac* avec Nucingen), mais

Pages suivantes :
Charles Haas.
Photographie
de Nadar, 1895.

Dante Gabriel
Rossetti,
Beata Beatrix,
1864.
H/t 86 × 66.
Londres,
Tate Gallery.

duit son cadet à l'art, à l'amour, à la mondanité, à la musique*. Mais Swann, lui, n'écrit pas, et sa vie ne débouche sur aucune création. C'est au narrateur qu'il revient de tirer les leçons de son expérience, dans « Un amour de Swann », roman dans le roman. Aussi, Proust veille à resserrer les liens entre ses deux personnages : tous deux parisiens, ils connaissent la province de Combray*. En recherchant la compagnie d'Odette, en s'éprenant de Gilberte*, le héros se rapproche encore de Swann. C'est, enfin, à cette famille qu'il incombe de réunir deux « côtés » qui ne communiquaient pas. Dans *Le Temps* *retrouvé*, le narrateur rencontre la fille de Gilberte et de Saint-Loup, fille d'une Swann et d'un Guermantes*, et qui résume dans sa personne la vie, l'œuvre, l'ambition du narrateur.

un éclaireur. En apportant au héros enfant des reproductions des fresques de Giotto, en vivant avec Odette* une relation semblable à celle que le narrateur* développe avec Albertine*, en le précédant dans les salons*, en souffrant à la musique de Vinteuil*, il intro-

---

■ SYMBOLISME ET DÉCADENCE
« Si les sensations obscures sont plus intéressantes pour le poète, c'est à condition de les rendre claires » (Proust)

Proust a 20 ans quand triomphe le symbolisme : Maeterlinck, Mallarmé, Wagner*, G. Moreau, le Barrès décadent première manière, sont les dieux de l'époque, et, comme d'autres, Proust les admire. Mais il n'est guère tenté par les lys, les Salomé, les Argonautes et chevaliers du Graal qui envahissent alors cimaises et scènes de théâtre*. L'archaïsme ne l'inspire pas, fût-il d'une archéologie sensible et lyrique. Tantôt, avec Ruskin*, défenseur des préraphaélites, il exprime plus que de la sympathie pour le mouvement ; tantôt, en déclarant son amour pour l'impressionnisme*, il rejette une esthétique pessimiste, sans soleil.

S'il publie des textes dans la *Revue blanche*, foyer de symbolisme militant, si Anatole France* parle de l'« atmosphère de serre chaude », de l'« étrange et maladive beauté » des *Plaisirs* *et les Jours*, Proust ne se reconnaît que peu de temps, au lycée, dans l'esthétique décadente. Il aime trop le classicisme pour se satisfaire longtemps de sa corruption. À ses yeux, le vrai symbolisme est celui de Baudelaire*. Pour rompre avec le faux, il publie en 1896, dans la même *Revue blanche*, « Contre l'obscurité » où il dit sa méfiance à l'égard de tout hermétisme : le symbolisme « méconnaît une autre loi de la vie qui est de réaliser l'universel ou éternel, mais seulement dans des individus ».

■ TEMPS RETROUVÉ (LE)

e dénouement de la *Recherche*, publié en 1927, était prévu dès les premières esquisses de l'œuvre : Proust en avait écrit les dernières pages aussitôt après les premières. Certains passages, cependant, ont été ajoutés après 1914 : ainsi, le séjour à Tansonville, où le héros lit le « Journal inédit » des Goncourt*, ou l'évocation du Paris* nocturne pendant la guerre*.

Le volume se caractérise par le renversement des situations et des opinions, par des coups de théâtre. Le héros se retire dans une maison de santé ; après un long silence, il revient à Paris, invité chez la princesse de Guermantes*. C'est l'occasion de revoir quelques-uns des personnages qui ont traversé le livre, mais alourdis du poids de nombreuses années, et que le héros ne reconnaît d'abord pas, car il les croit grimés. Lors de ce « Bal de têtes » dont le temps a écrit la partition, il prend conscience qu'il est, lui aussi, devenu vieux.

Ce volume est le couronnement esthétique du roman, grâce à la découverte des secrets qui doivent permettre au narrateur* d'entreprendre la rédaction de son livre : si l'écrivain veut approcher la vérité, il lui faut décrire l'homme dans le temps, dans la succession des jours et des moments – ce qu'a fait Proust. La dernière phrase* de la *Recherche* se superpose ainsi à la première, transfigurée comme elle par ce voyage dans les années passées qui est la vraie matière de ce livre.

Joseph Mallord Turner, *Paysage avec une rivière et une baie dans le lointain*, v. 1840. H/t 94 × 123. Paris, musée du Louvre.

« *Moi, c'était autre chose que j'avais à écrire,
de plus long, et pour plus d'une personne.
Long à écrire. Le jour, tout au plus pourrais-je
essayer de dormir. Si je travaillais,
ce ne serait que la nuit. Mais il me faudrait
beaucoup de nuits, peut-être cent, peut-être mille.* »

Marcel Proust, *Le Temps retrouvé*.

Jean Béraud,
*La Colonne
Morris.*
H/t 37,5 × 56.
Paris,
musée Carnavalet.

■ Théâtre

Bien qu'il n'ait pas écrit de
pièces de théâtre, Proust voue
une passion à cet art : il ne
conçoit pas de vivre loin d'un
« théâtre français ». Mais, s'il
cite volontiers Racine*, il est
sans doute moins intéressé par
le texte que par le contexte,
moins séduit par la scène que
par les coulisses. La déception
du héros devant la Berma
montre que Proust attendait
autre chose du théâtre que des
beautés littéraires et d'interpré-
tation. Il a construit autour de
la scène une rêverie nourrie par
des lectures (*Le Capitaine Fra-*
casse et *Wilhelm Meister*), où la
vie des acteurs, les intrigues qui
se nouent, une fois le rideau
retombé, entre les Zerbine et les
Arlequin, le séduisent plus que
la représentation elle-même.
Aussi, tout ce qui touche au
théâtre l'émerveille : les affiches
des colonnes Morris, la salle, les
velours, les dorures, les loges
(dans *Le Côté* de Guermantes*, il
file une métaphore féerique ins-
pirée par le mot « baignoire »,
autour du monde marin des tri-
tons et des sirènes), les coulisses,
où l'introduit son ami Saint-
Loup. Lui qui, en littérature, en
peinture* ou en musique*, en

est resté aux goûts de sa jeunesse, il ne s'enthousiasme pour l'« avant-garde » que dans le domaine de la scène, courant aux Ballets russes, se portant souscripteur du théâtre du Vieux-Colombier fondé par Copeau, encourageant la création du Théâtre des Champs-Élysées. Au théâtre, Proust appréciait l'illusion devenue réalité – une pause dans sa douloureuse quête de la vérité.

■ Traduction

Ses deux traductions de Ruskin*, *La Bible d'Amiens* en 1904 et *Sésame et les lys* en 1906, n'ont pas seulement été, pour Proust, un exercice linguistique, mais une occasion de préciser son esthétique. Il parle mal l'anglais (« Je ne prétends pas savoir l'anglais. Je prétends savoir Ruskin ») ; le premier jet de ses traductions est de la main de sa mère, dont on a conservé les cahiers. S'entourant de conseillers, recourant aux lumières des spécialistes (Marie Nordlinger, Robert d'Humières, Douglas Ainslie, etc.), il peaufine ensuite cette rédaction mot à mot, puis l'enveloppe dans de savantes notes et dans de sensibles préfaces, où s'affirme son style.

Toutefois, comme les pastiches*, les traductions ont une autre vertu : elles forment l'écrivain, le débarrassent de ce qui ne lui appartient pas vraiment. Lorsqu'il délaisse Ruskin après la mort de sa mère, Proust déclare : « J'ai clos à jamais l'ère des traductions, que Maman favorisait. Et quant aux traductions de moi-même je n'en ai plus le courage. » Il sait donc déjà que « la tâche et le devoir d'un grand écrivain sont ceux d'un traducteur » (*Le Temps retrouvé*).

■ Troisième République

La Troisième République n'avait pas un an à la naissance de Proust : ils ont grandi ensemble. Fils de notable, fréquentant les milieux proches du pouvoir (il joue aux Champs-Élysées avec Antoinette et Lucie Faure, filles d'un futur président de la République, ami d'Adrien Proust), Marcel vit ses crises (boulangisme, Panama, laïcité, affaire Dreyfus*, etc.) avec passion (voir Politique). Camille Barrère, ambassadeur à Rome, dîne chez les Proust ; Marcel suit les cours de l'École libre des sciences politiques, qui se propose de former le personnel de la République, des poli-

Léon Gambetta par Léon Bonnat, 1888. H/t 115 × 100. Musée national du château de Versailles.

tiques et des diplomates : les relations internationales ne cesseront de l'intéresser.

La République fournit son cadre chronologique à la *Recherche* : « Un amour de Swann », l'épisode le plus ancien, débute sous Grévy. On y assiste aux obsèques de Gambetta, on y évoque la « révolution » boulangiste. La République prête son langage aux diplomates : Norpois est, jusqu'à la caricature, la figure de l'ambassadeur phraseur, et sa conversation aborde sans les approfondir tous les sujets « chauds » de l'époque, l'Affaire, la question d'Orient, les relations avec l'Italie, la Grèce, la visite à Paris de Théodose II, le toast prononcé à l'Élysée, etc. Mais c'est dans *Jean* * *Santeuil* que Proust a mis la République en scène, racontant, outre l'affaire Dreyfus, un scandale politique imaginaire (mais typique), impliquant un ancien ministre, Charles Marie. Il touche là, cependant, sa limite, et il renoncera à développer de tels épisodes dans la *Recherche* : ce sujet, qu'eût traité Daudet*, n'était guère proustien.

◼ Un amour de Swann.

Voir Du côté de chez Swann

◼ Venise. Voir Italie

◼ Verdurin

À leur façon, les Verdurin ont eux aussi tenté de réconcilier deux côtés : la bourgeoisie et la bohème. Le « Patron » et la « Patronne » font régner sur leur « petit clan » la tyrannie de la richesse, du goût, de la vulgarité mêlés. Ils sont mécènes et entremetteurs, voyageurs au long cours et sédentaires routiniers. Leur salon* est la scène où se déroulent les grands drames mondains de la *Recherche* : c'est là que Swann* courtise Odette, ou Charlus* Morel. Ils affectent la simplicité, la spontanéité, de mépriser assez le « monde » des « ennuyeux » pour faire de ce snobisme* à rebours une vertu républicaine. Proust, fasciné par ses créatures, revient avec autant de cruauté que de drôlerie sur leurs ridicules, leurs bassesses. C'est pourquoi ils finissent par jeter plusieurs ponts entre les mondes apparemment étanches que décrit la *Recherche*. Avec le « Journal inédit » des Goncourt, le narrateur apprend

que M. Verdurin était un fin critique d'art. Dans *Le Temps* * *retrouvé*, Mᵐᵉ Verdurin, devenue, en dépit de son dédain pour les aristocrates, princesse de Guermantes*, offre le plus surprenant exemple de promotion sociale. Déjà présente dans l'épisode le plus ancien (« Un amour de Swann ») et encore là dans la dernière scène du roman, elle est cependant le seul personnage qui traverse l'œuvre sans varier, toujours égale à elle-même.

■ Vermeer

Bien qu'il soit mort en 1675, Vermeer est, en France, à la fin du XIXᵉ siècle, un peintre nouveau. « Inventé » en 1866 par Étienne Thoré (William Bürger), il n'est cité que trois fois dans *Les Maîtres d'autrefois* (1877) de Fromentin, qui admire chez lui « des côtés d'observateur assez étranges même en son pays ». La surprise de son art est donc entière lorsque Proust le découvre en 1902, lors de son voyage en Hollande. « Depuis que j'ai vu au musée de La Haye la *Vue de Delft*, confiera-t-il à Vaudoyer, j'ai su que j'avais vu le plus beau tableau du monde. »

Aussi réserve-t-il à ce « maître inouï » une place éminente dans la *Recherche*, où il est la figure de l'artiste œuvrant pour son art, sans souci de la gloire (« un artiste à jamais inconnu, à peine identifié sous le nom de Ver Meer »), et dont le génie peut être apprécié, en dépit de Sainte*-Beuve, sans qu'il soit

Johannes Vermeer, *Vue de Delft*, 1660-1661. H/t 96,5 × 115,7. La Haye, Mauritshuis.

besoin de fouiller sa biographie – un double de Proust lui-même. Swann* écrit une étude sur lui, mais c'est Bergotte* qui – comme Proust à l'exposition hollandaise du Jeu de Paume –, victime d'un malaise devant un « petit pan de mur jaune » de la *Vue de Delft*, retire de cette peinture une ultime leçon de style avant de mourir.

■ Vinteuil

Obscur professeur de piano à Combray*, génial (pour mieux opposer, contre Sainte*-Beuve, l'œuvre et la vie) compositeur d'une sonate et d'un septuor qui interviennent aux moments décisifs des amours de Swann* ou du narrateur*, Vinteuil est *le* musicien de la *Recherche*. Vers la fin de sa vie, Proust se tourne vers la musique* comme d'autres vers la religion : dans l'approfondissement métaphysique, la consolation, le jeu avec le temps, la mémoire*, le silence, la solitude et la multitude, il ne retient que les derniers quatuors de Beethoven. C'est dans une perspective aussi méditative qu'il situe l'art de Vinteuil. Mais sa pureté de paradis perdu n'interdit pas l'ambiguïté des « petites phrases » – de même, si la fille de Vinteuil et son amie profanent le portrait du grand musicien, l'amie lui rendra, après sa mort, un bel hommage de piété en déchiffrant le manuscrit du septuor inédit.

Comme pour Elstir*, bien des clefs* ont été proposées pour ces œuvres. Proust en avoue certaines, en 1918 : la petite phrase est tantôt « une phrase charmante mais enfin médiocre d'une sonate pour piano et violon de Saint-Saëns », tantôt un passage de l'« Enchantement du vendredi saint » de Wagner*, un extrait de la *Sonate pour violon et piano* de César Franck, ou un morceau du prélude de *Lohengrin* mêlé à « une chose de Schubert », voire « un ravissant morceau de piano de Fauré ».

■ Wagner

Dans la querelle qui oppose cacophonistes et mélodistes, zélateurs de Wagner et défenseurs de l'Italie*, Proust a choisi son camp : Bayreuth plutôt que Parme. L'époque est tranchée par cette ligne de partage : d'un côté, les lecteurs de *La Revue wagnérienne* et du *Voyage artistique à Bayreuth* de Lavignac, de l'autre les tenants de la tradition française, les fondateurs de la Schola cantorum. Car en même temps que la France découvre Wagner (*Parsifal* n'est pas donné à Paris – curieux présage – avant 1914), elle veut

Gabriel Fauré.

le dépasser. Proust se sert de cette mode et de ce conflit pour ajouter de la couleur à ses livres : comme dans « Mélomanie de Bouvard et Pécuchet » (*Les Plaisirs* * *et les Jours*) les deux amis se déchiraient à ce sujet, les Verdurin* vont à Bayreuth, mais le duc de Guermantes* s'endort « immédiatement » à cette musique – il doit être dur d'oreille.

Proust est l'ami de Reynaldo Hahn*, qui aime Mozart : il sait, avec la duchesse de Guermantes, qu'il y a « beaucoup de musique italienne dans Wagner ». Il s'enthousiasme d'ailleurs à l'occasion pour une autre école, qui veut faire oublier le maître allemand : *Pelléas et Mélisande*, de Debussy. Mais Wagner le retient par un autre côté : il a su donner à son œuvre, rétrospectivement, « une unité qui s'ignorait, donc vitale et non logique ». C'est ce que Proust, lui aussi, a voulu faire.

Henri Jean Théodore Fantin-Latour, *Prélude de Lohengrin*, 1882. H/t 102 × 71. Coll part.

1871 10 juillet, naissance de Marcel, fils d'Adrien Proust et Jeanne Weil.

1873 Naissance de son frère Robert. Les Proust habitent 9 bd Malesherbes.

1879 Élection d'Adrien Proust à l'Académie de médecine.

1881 Première crise d'asthme.

1882-1889 Études secondaires au lycée Condorcet. Lectures intensives et premiers essais littéraires. Bachelier le 15 juillet 1889, il part pour Orléans en novembre effectuer un an de service militaire.

1890 Fréquente le salon de Mme Straus, veuve de Georges Bizet.

1892 Fondation de la revue *Le Banquet*, à laquelle collaborent notamment ses amis Halévy et Gregh. Certains textes qu'y publie Proust seront repris dans *Les Plaisirs et les Jours*.

1893 Rencontre de Robert de Montesquiou et collaboration à *La Revue blanche*.

1894 Liaison de deux ans avec Reynaldo Hahn, qui restera son ami et son lecteur. Dans l'affaire Dreyfus, Proust est favorable au capitaine calomnié.

1895 Début de la rédaction de *Jean Santeuil* (publication posthume).

1896 Publie *Les Plaisirs et les Jours*, le livre est salué par Léon Blum et Charles Maurras.

1897 Duel avec Jean Lorrain.

1898 Proust est l'un des signataires de la pétition des intellectuels dreyfusards que publie *L'Aurore*.

1900 Long séjour à Venise et à Padoue.

1902 Voyage en Belgique et aux Pays-Bas ; il n'oubliera pas *la Vue de Delft* de Vermeer.

1903 Mort du père. Début de la collaboration de Marcel comme chroniqueur mondain et artistique pour *Le Figaro*.

1904 Traduction de *La Bible d'Amiens* de Ruskin.

1905 Mort de la mère le 26 septembre.

1906 Traduction de *Sésame et les lys* de Ruskin.

1907 *Sentiments filiaux d'un parricide*.

1908 Rassemble notes et réflexions en vue d'un essai ou d'un roman, il n'en sait rien, qui consistera à réfuter les idées de Sainte-Beuve sur la littérature. Pastiches sur l'affaire Lemoine dans *Le Figaro*.

1909 Commence la rédaction de ce qui n'est pas encore *À la recherche du temps perdu* mais va le devenir progressivement après l'abandon de *Contre Sainte-Beuve*.

1910 Sur un rythme soutenu, Proust progresse dans la rédaction et l'organisation de son roman.

1911 Le roman comprend à ce stade d'élaboration deux volumes, *Le Temps perdu* et *Le Temps retrouvé*. Mais cette structure initiale ne va cesser d'évoluer et le manuscrit de gonfler.

1912 Fasquelle puis la NRF refusent d'éditer la première partie du roman.

1913 À compte d'auteur, Proust fait paraître chez Grasset *Du côté de chez Swann*. Son chauffeur Agostinelli lui inspire une violente passion.

1914 Jusqu'à la guerre qui éclate en juillet, Grasset s'apprête à publier *Le Côté* *de Guermantes*, qui aurait été la suite de *Swann*. La guerre contribue à une nouvelle modification de plan.

1915 *Sodome et Gomorrhe* en chantier.

1916 Fréquente Cocteau et Morand. La NRF est désormais son éditeur.

1919 Obtient le prix Goncourt avec *À l'ombre des jeunes filles en fleurs*.

1920 La NRF publie « À propos du style de Flaubert ». Sortie en octobre du *Côté de Guermantes I*.

1921 *Le Côté de Guermantes II* et *Sodome et Gomorrhe I*. Santé chancelante.

1922 Ordonne la dactylographie de *La Prisonnière* et de *La Fugitive*. Cette der-

nière change de titre et devient *Albertine disparue*. *Sodome et Gomorrhe II* paraît en mai. Santé plus que délabrée. Il meurt le 18 novembre, il est enterré le 22.

1923 *La Prisonnière*.

1925 *Albertine disparue*.

1927 *Le Temps retrouvé*.

1952-1954 Bernard de Fallois publie *Jean Santeuil* et *Contre Sainte-Beuve*.

1987 Dirigée par Jean-Yves Tadié, nouvelle édition d'*À la recherche du temps perdu*, parue dans la Bibliothèque de la Pléiade chez Gallimard.

BIBLIOGRAPHIE SÉLECTIVE

Œuvres de Proust

À la recherche du temps perdu, Gallimard, « Bibliothèque de la Pléiade », 1987-1989 ; « Folio », 1988-1990.

Contre Sainte-Beuve précédé de *Pastiches et mélanges* et suivi d'*Essais et articles*, Gallimard, « Bibliothèque de la Pléiade », 1971.

Jean Santeuil précédé de *Les Plaisirs et les Jours*, Gallimard, « Bibliothèque de la Pléiade », 1971.

Écrits de jeunesse 1887-1895, édition d'Anne Borrel, Institut Marcel Proust International, 1991.

Poèmes, Gallimard, 1982, « Cahiers Marcel Proust, 10 ».

Les Plaisirs et les Jours suivi de *L'Indifférent* et autres textes, Gallimard, « Folio », 1993.

Correspondance, édition de Philip Kolb, Plon, 1970-1991.

John Ruskin, *La Bible d'Amiens*, traduction de Marcel Proust, UGE, « 10/18 », 1986.

John Ruskin, *Sésame et les lys*, traduction de Marcel Proust, Complexe, 1987.

Travaux divers

Gilles Deleuze, *Proust et les signes*, PUF, 1970.

Maurice Bardèche, *Marcel Proust romancier*, Les Sept Couleurs, 1971.

Jean-Yves Tadié, *Proust et le roman*, Gallimard, 1971 (repris dans la collection « Tel »).

Gérard Genette, *Figures III*, Seuil, 1972.

Céleste Albaret, *Monsieur Proust*, Laffont, 1973.

Jean-Pierre Richard, *Proust et le monde sensible*, Seuil, 1974 (repris dans la collection « Points »).

Jean Milly, *La Phrase de Proust*, Larousse, 1975.

Anne Henry, *Marcel Proust. Théories pour une esthétique*, Klincksieck, 1981.

Jacques Rivière, *Quelques progrès dans l'étude du cœur humain*, Gallimard, 1985.

Antoine Compagnon, *Proust entre deux siècles*, Seuil, 1989.

Luc Fraisse, *L'Œuvre-Cathédrale : Proust et l'architecture médiévale*, Corti, 1990.

Giovanni Macchia, *L'Ange de la nuit (Sur Proust)*, Gallimard, 1993.

Jean-Yves Tadié, *Marcel Proust*, biographie, Gallimard, 1996.

Pietro Citati, *La Colombe poignardée (Proust et la Recherche)*, Gallimard, 1997.

I N D E X

Crédits photographiques : BOISSY-SAINT-LÉGER, Marcel Lecoufle 59b ; DIJON, musée des Beaux-Arts 66-67 ; LA HAYE, Mauritshuis 112-113 ; LONDRES, Tate Gallery 107 ; MALIBU, J. Paul Getty Museum 37 ; PARIS, Bibliothèque nationale de France 6, 16, 26, 31, 34, 46, 58, 64, 74, 80, 87, 89, 98, 105 ; CNMHS 73, 94, 106 ; Collection Nadine Beauthéac 30 ; François-Xavier Bouchart 21b, 52-53, 60b, 65, 75, 84-85h ; Dagli Orti 38, 49, 50, 61, 62, 82-83, 88b ; Édimédia 44b ; archives Flammarion 40, 63, 68b, 92-93 ; Magnum/Erich Lessing 21h, 42-43 ; Photothèque Hachette 27b, 76, 77b, 100-101 ; Photothèque des musées de la Ville de Paris 12-13, 18-19, 110 ; Réunion des musées nationaux 4-5, 11, 15h, 23, 29, 33, 35, 36h, 39, 44h, 47, 54h, 56, 57, 59h, 60h, 68-69h, 77h, 78, 81, 85b, 86, 98-99b, 103, 108-109, 111 ; Roger-Viollet couverture, 10, 24, 36b, 41h, 41b, 54-55h, 73b, 97, 114 ; QUIMPER, musée des Beaux-Arts 72 ; VANVES, Explorer archives 20.
© ADAGP, Paris, 1998 pour les œuvres de Jean Béraud, Jacques-Émile Blanche, Giovanni Boldini, Georges Goursat dit Sem, Paul César Helleu, Man Ray et Kees Van Dongen.

Directeur de la série Littérature : Stéphane GUÉGAN
Coordination éditoriale : Béatrice PETIT
Lecture-corrections : Christine EHM
Direction artistique : Frédéric CÉLESTIN
Photogravure, Flashage : Pollina s.a., Luçon
Papier : BVS-Plus brillant 135 g distribué par Axe Papier, Champigny-sur-Marne
Papier de couverture : Trucard 260 g, Arjomari Diffusion
Couverture imprimée par Pollina s.a., Luçon
Achevé d'imprimer et broché en août 1998 par Pollina s.a., Luçon

© 1998 Flammarion, Paris
ISBN : 2-08-011798-X
ISSN : 1275-1502
N° d'édition : FA 179801
N° d'impression : 75056
Dépôt légal : octobre 1998

Imprimé en France

Pages 4-5 : Jean Béraud, *Une soirée* (détail), 1878. H/t. Paris, musée d'Orsay.
Page 6 : Marcel Proust. Paris, Bibliothèque nationale de France.